天民居士兪吉濬著

大韓文典

同文館印刷

緒言

本著者가國語文典의研究로三十星霜을經ᄒ야稿를易ᄒᆷ이凡八次에此書가始成ᄒ니敢히完美ᄒᆫ域에入ᄒ다謂ᄒ지못ᄒᆯ진則大方의一顧에資ᄒᄂ싸람이오며此를因ᄒ야海內의注意를喚ᄒᄂ者ᄂ中間第四次稿本이世間에誤落ᄒ야愛書家의印佈ᄒᆷ이再版에至ᄒ나然ᄒ나該稿本은舛謬ᄒᆫ點이多ᄒ야讀者의惑을反滋ᄒ虞가有ᄒᆷ이라是를懼ᄒ야一言을贅ᄒ노라

隆熙三年孟春嘉松館

天民居士 識

大韓文典自序

읽을 지어다, 우리 大韓文典을 읽을 지어다, 우리 大韓同胞여, 우리

民族이 檀君의 靈秀훈 後裔로, 固有훈 言語가 有호며, 特有훈 文字

가 有호야, 其 思想과 意志를 聲音으로 發表호고 記錄으로 傳示호

매, 言文一致의 精神이 四千餘의 星霜을 貫호야, 歷史의 眞面을 保

호고, 習慣의 實情을 証호도다。

然호나, 言語는 學지 아니호야도 能호며, 文字는 形象이 單純호고、

用法이 簡易호야, 學호기에 時日을 虛費치 아니호즉, 因仍 相傳호

야 硏究호는 工夫를 加호지 아니호며, 口調의 轉訛로 音韻의 差가

生호고, 字形의 推移로 符號의 謬가 見호대, 校正호는 法을 行치 아

니호야, 今日에 至호야는 其 用이 正鵠을 失훈 者가 多훌뿐더러, 文

典의 名義는 夢想에도 及지 못호얏도다。

然호中幾百年漢文崇拜호는風이全國을靡호야西隣의借來혼

客字가國民의正音을驅逐호야學士의案頭를去호며詞匠의筆

端을離호즉鴉烟의毒에中홈갓치迷醉愈甚호야人姓地名과國

號셔지도漢字로改書호얏시니此言을疑호거든古史를試看홀

지어다乙支의姓은何處에復見홀고葛坡知와加里介의名이今

世에尙存호거니와卒本이니徐羅伐이라호든號는其意가何據

혼가想像컨대此皆其時人語의音을彼漢字로翻寫홈이오니

盖彼字는象符라我의音符字와其性質이異혼즉到底同體의用

을成호기能치못혼故로文이言을載치못호고言이文에配치못

호야判然二致의結果를生호매靑春으로브터白首에至토록螢

雪의苦를積호야도其皮相의識解를得호는者가百中一二에過

치아니호니是를由호야國中의普通文學되지못홈으로目中一

丁字를不知ᄒᆞᄂᆞᆫ人이在在皆是ᄯᅮᆫ더러文典의學은彼에在ᄒᆞ야

도本無ᄒᆞᆫ緣由로雖鴻儒의名이有ᄒᆞᆫ者라도其意義에想到치못

ᄒᆞᆷ인저。

歲月을經ᄒᆞᆷ이久ᄒᆞ매其行用이愈慣ᄒᆞᆷ으로國人의耳目에稍熟

ᄒᆞ야語言間援入ᄒᆞᄂᆞᆫ例가生ᄒᆞᆫ즉自然同化ᄒᆞᄂᆞᆫ法이我國語의

一部를成ᄒᆞᄂᆞ니是其古代希臘及羅馬의死語가現時英吉利佛蘭

西諸國의活用字로轉化ᄒᆞᆫ理와一轍이로다。

今夫純然ᄒᆞᆫ漢字로編綴ᄒᆞᆫ文章을表面으로觀ᄒᆞᄂᆞᆫ時ᄂᆞᆫ我의國

文아니라도其意味의解釋은我의國語를必資ᄒᆞᄂᆞᆫ지라故로我

國에ᄂᆞᆫ漢字의用은有ᄒᆞ대漢文은其用이無ᄒᆞ야我의一補助物

이며附屬品되기에止ᄒᆞᄂᆞᆫ者인즉其讀法은音讀을由ᄒᆞᄂᆞᆫ지訓

讀을主ᄒᆞᄂᆞᆫ지我의文典에依ᄒᆞ야成立ᄒᆞᄂᆞᆫ外에ᄂᆞᆫ他道가無ᄒᆞ

고녀。

然則我의文을我가用ᄒᆞ며,我의語를我가用ᄒᆞ니,此乃自然호天

機의發ᄒᆞ는者이라何必文典의有를待ᄒᆞ야其法을始解ᄒᆞ리오

ᄒᆞ나,此ᄂᆞᆫ決코然치아니ᄒᆞ니,車가輪업시能히轉ᄒᆞ며,舟가柁아

니고能히行ᄒᆞ는가,是故로吾人이屢年의研究를經ᄒᆞ야,是書의

作이有ᄒᆞ이로니,敢히갈오대妙理를透悟ᄒᆞ며,奧旨를闡發ᄒᆞ야,

餘蘊이無ᄒᆞ다ᄒᆞ이아니오,樣을依ᄒᆞ야葫蘆를畵ᄒᆞ이蹩者의邯

鄲步를學ᄒᆞ는醜態로대,傍走ᄒᆞ야,京府에亦達ᄒᆞ은庶幾ᄒᆞᆯ듯

其意義의穿鑿과式套의舛誤가其眼者의譏笑를免치못ᄒᆞᆯ지나,

大方君子의修正ᄒᆞ는功을賁ᄒᆞ야善美ᄒᆞᆫ域에入ᄒᆞᆫ은其日의必

至ᄒᆞᆷ을可期ᄒᆞᆯ지니,是로써,自足ᄒᆞ야其洽滿치못ᄒᆞᆷ을自慰ᄒᆞ노

라。

읽을지어다,우리同胞여,天下萬國에,其特有호言語文字가有호

고,文典업는國民은업시니,읽을지어다,이文典을。

大韓文典目次

大韓文典

天民居士 俞吉濬 著

第一編 總論

第一章 文典의 意義

文典이라ᄒᆞᄂᆞᆫ者ᄂᆞᆫ人의思想을正確히發表ᄒᆞᄂᆞᆫ法을記載ᄒᆞᄂᆞᆫ學問이라

人은其官能의感觸ᄒᆞᄂᆞᆫ바가其主腦에傳達되야此로서感起ᄒᆞᄂᆞᆫ思想이有ᄒᆞᄂᆞ니此思想은自己의內部에潛藏치아니ᄒᆞ고常해外部에對ᄒᆞ야表示ᄒᆞᄂᆞ니라

人이思想을表示홈에二種의方法이有ᄒᆞᄂᆞ니一은口中에서出ᄒᆞᄂᆞᆫ天然聲音으로以ᄒᆞ고一은手端으로書ᄒᆞᄂᆞᆫ人爲文字로以ᄒᆞᄂᆞ니라

右갓치二種方法이有ㅎ야一은其形이無ㅎ고一은其形이有ㅎ

대若其用法과作法에至ㅎ야는彼此間에其異가無ㅎ고同一의

軌範과法則이有ㅎ야聲音으로發ㅎ는者를曰語라ㅎ고文字로

表ㅎ는者를曰文이라ㅎ나니故로語와文이其形은雖殊ㅎ나其

用은相同ㅎ야其地를易ㅎ則同然ㅎ니라

然則尙此思想의發表를明快케ㅎ고저ㅎ진대固有一定훈軌

範을遵ㅎ며法則을循ㅎ미可ㅎ니若其規範과法則에昧ㅎ진대

口에出ㅎ는聲은有ㅎ나語는成치못ㅎ며手로書ㅎ는字는有ㅎ

나文을成치못ㅎ매聞者와見者가曚然解得지못ㅎ지니라

吾人의思想을發表ㅎ는語와文이其類의多홈과其數의衆홈이

實로勝言기不可ㅎ대大別ㅎ면八種에不過ㅎ나니卽語種이라

其名稱은左와如ㅎ니라

一、名詞

二、代名詞

三、動詞

四、助動詞

五、形容詞

六、接續詞

七、添附詞

八、感動詞

以上八種言語로써吾人의萬般思想을發表ᄒ나니其聲音과符

號의形式上差別에因ᄒ야言語論과文章論의名稱이生ᄒ는지

라是故로本書에言語와文章을別論ᄒ야從各其固有의規範과

法則을說示ᄒ노라

大韓文典 第一編總論 第一章文典의意義

三

文典의 意義가 大略으로 右갓튼 즉 吾同一혼 民族의 同一혼 言語
와 同一혼 文章을 使用호는 者는 반다시 硏鑽홈이 可호니 何者오

吾人은 一時라도 他에 對호야 思想을 發表치 아님을 得지 못호고

思想을 發表홈에 其 循路를 由치 아님이 可치 아님일새니라

第二章　音韻

音韻이라 호는 者는 人의 肺臟으로브터 呼出호는 空氣가 聲帶又
口腔內의 諸機關에 觸發호는 聲을 謂홈이라 假令

아、가、나、다、사、자、하

갓튼 者이라

音은 其 肺臟으로브터 呼出호는 空氣가 聲帶에 만 接觸홈과 又其

他 機關에 接觸호는 區別에 因호야 三種으로 分홈을 得호니 (一) 母

音 (二) 父音 (三) 子音 이니라

(一) 母音　母音이라ᄒᆞ는者는口를開ᄒᆞ매單純히出ᄒᆞ는聲音이
라假令

　　ㅏ、ㅓ、ㅗ、ㅜ、ㅡ、ㅣ
　　갓튼者이라

(二) 父音　父音이라ᄒᆞ는者는肺臟으로브터呼出ᄒᆞ는空氣가喉、
舌、齒、唇等口腔內의諸機關에觸發ᄒᆞ는聲音이라假令

　　ㄱ、ㄹ、ㅁ、ㅅ、ㅈ、ㅎ
　　갓튼者이라

(三) 子音　子音이라ᄒᆞ는者는父音과母音이合ᄒᆞ야生ᄒᆞ는聲音
을謂홈이니假令

　　가、더、로、수、크、히
　　갓튼者이니是即(가)는父音(ㄱ)과母音(ㅏ)가合ᄒᆞ야(가)의

音을生ㅎ는故로曰子音이라

第三章　文字

文字는吾人의思想을形狀으로發表ㅎ는者이라文字에는音符字와象符字가有ㅎ니音符字는卽一文字로一聲音을發表ㅎ는者이오其意義에는關係가無ㅎ者이며象符字는一文字에一意義를含包ㅎ고其聲音에는關係가無ㅎ者이니音符字는我國의文字가是오象符字는漢土의文字가是니라

我國의文字는音符로成ㅎ니惟我

世宗大王께오서始造ㅎ신文字이라卽今日吾人의使用ㅎ는國文의字이니其成立ㅎ制規와形狀이下와如ㅎ니라

一, 母音十一字이니

ㅏㅑㅓㅕㅗㅛㅜㅠㅡㅣ、ㆍ

一、父音十七字이니

ㄱ극 ㄴ는 ㄷ듣 ㄹ를 ㅁ음 ㅂ븝 ㅅ슷 ㅇ응 ㅈ즈 ㅊ츠 ㅋ킄 ㄷ튿 ㅍ프

ㅎ호 ㆁ ㅿ ㆁ

(注意)最下三字ᄂᆞᆫ近時에使用치아니ᄒᆞᄂᆞᆫ者ㅣ라

右의父音과母音을合ᄒᆞ야子音을生케ᄒᆞ야써一文字의音을完全히發表케ᄒᆞᄂᆞ니卽其順序와形狀을表示ᄒᆞ건대凡十四行十一段이니라

段	ㄱ行	ㄴ行	ㄷ行	ㄹ行
ㅏ段	가	나	다	라
ㅑ段	갸	냐	댜	랴
ㅓ段	거	너	더	러
ㅕ段	겨	녀	뎌	려
ㅗ段	고	노	도	로
ㅛ段	교	뇨	됴	료
ㅜ段	구	누	두	루
ㅠ段	규	뉴	듀	류
ㅡ段	그	느	드	르
ㅣ段	기	니	디	리
ㆍ段	ᄀᆞ	ᄂᆞ	ᄃᆞ	ᄅᆞ

ㅁ行 마먀머며모묘무뮤므미ㅁ

ㅂ行 바뱌버벼보뵤부뷰브비ㅂ

ㅅ行 사샤서셔소쇼수슈스시ㅅ

ㅇ行 아야어여오요우유으이ㅇ

ㅈ行 자쟈저져조죠주쥬즈지ㅈ

ㅊ行 차챠처쳐초쵸추츄츠치ㅊ

ㅋ行 카캬커켜코쿄쿠큐크키ㅋ

ㅌ行 타탸터텨토툐투튜트티ㅌ

ㅍ行 파퍄퍼펴포표푸퓨프피ㅍ

ㅎ行 하햐허혀호효후휴흐히ㅎ

右갓치十四行十一段을成ᄒ얏시나此外에又諸般變化의法을生ᄒ야써其活用의妙를極ᄒ나니라

一　激音

激音이라ᄒᆞ는者는二個의同一ᄒᆞᆫ父音의初發音이合ᄒᆞ야一個

父音을成ᄒᆞ는時는其音이激促ᄒᆞᆫ故로激音이라稱ᄒᆞᄂᆞ니라假

令

ㄲ、ㄸ、ㅃ、ㅆ、ㅉ

가是너我國文에唯上陳ᄒᆞᆫ五個父音에限ᄒᆞ고諸他音에

無ᄒᆞ미라

(注意)現行ᄒᆞ는俗慣에但(ㅅ)을(ㄱ)(ㄷ)(ㅂ)(ㅈ)의代에用ᄒᆞ고

(ㅅ)의激音에(ㅂ)를用ᄒᆞ나니此下갓치

ㅺ、ㅼ、ㅽ、ㅾ

二　支音

ㅄ

支音이라호는者는父音의終止音이子音의下에밧치어生호는者이니卽俗語의밧침이是라假令

각、

의類이니卽父音(ㄱ)의初發音(그)와母音(ㅏ)가子音(가)를成호나니卽本音이오此에父音(ㄱ)의終止音(윽)을밧치어(각)을成호나니卽支音이라

支音에二種이有호니一은單支音이오一은複支音이라

單支音은一個父音의終止音으로成호는者이니假令

각、
난

의類라

複支音은二個父音의終止音이並合호야子音의下에밧치어成호는者이니假令

닭、넓
의 類라

支音은 近時에 다만 ㄱ、ㄴ、ㄹ、ㅁ、ㅂ、ㅅ、ㅇ의 七音에 止ᄒᆞ고 他 七音은
用치 아니ᄒᆞ나 其實은 十四字가 皆 支音의 用이 有ᄒᆞ니

(ㅋ)ᄂᆞᆫ (ㄱ)과 同歸ᄒᆞᆷ

(ㄷ)、(ㅌ)、(ㅈ)、(ㅊ)ᄂᆞᆫ (ㅅ)과 同歸ᄒᆞᆷ

(ㅍ)ᄂᆞᆫ (ㅂ)과 同歸ᄒᆞᆷ

(ㅎ)ᄂᆞᆫ 其 用이 未詳ᄒᆞᆷ

三 重母音

重母音이라 ᄒᆞᄂᆞᆫ 者ᄂᆞᆫ 二個 以上의 母音이 連合ᄒᆞ야 一個 母音의
音을 成ᄒᆞᄂᆞᆫ 者이라 此에 二種이 有ᄒᆞ니 一은 單重母音이오 一은
複重母音이라

單重母音은二個의 母音이 連合호야 成호는 者이니假令

나,거

의 類이라(나)는(ㅗ)(ㅏ)를 連合縮呼호야(나)를 成호미오(거)

는(ㅜ)(ㅓ)를 連合縮呼호야 成호미니此에 父音을 合호는 法

은 單純母音의 例와 同호니라

複重母音은 三個의 母音이 連合호야 成호는 者이니假令

배,게

의 類이니 卽單重母音(나)及(거)에 母音(ㅣ)를 傍附호야 成호

라

第四章　語音의 蒙受及縮約

凡言語는 個個히 分離호야 使用호는 者가아니오 每常多數가綴

合호야一個完全호 思想을 表示호나니是에 由호야多數의 單語

가相合ᄒᄂᆫ時에語音에蒙受及縮約이起ᄒᄂᆞ니라

上音下蒙法이니象音이連接ᄒᄂᆫ時에下居ᄒᄂᆫ者가(아)行의音

이면上居ᄒᄂᆫ者의支音을蒙受ᄒᄂᆫ者를謂ᄒᆞᄆ라例를示ᄒ건

대

꼿이뮈엇다

此에(꼿이)의(이)字의音이(꼿)字支音(ㅅ)의音을蒙ᄒ야(시)音을

響ᄒ녀其同類를擧ᄒ건대

말이뒷다에(이)音이(리)音을響ᄒ고

언덕이놉흐다에(이)의音이(기)를響ᄒ녀

其他ᄂ類推ᄒ면皆然ᄒ미라

語音의縮約은卽縮音法이니此ᄂ音調의關係와言語의簡便을

爲ᄒ야生ᄒᄂ者이라此도ᄯᅩ한下字가(아)行으로成ᄒ境遇에生

ᄒᆞ나 너 其一二의 例를 示ᄒᆞ건대

물을 건ᄂᆞ어 ○○

此에(건ᄂᆞ어)를 縮ᄒᆞ야(건너)가 되나니 卽(ᄂᆞ어)를 縮呼ᄒᆞ야 너

를 作ᄒᆞ者이라 其同類를 例示ᄒᆞ건대

밥을 먹으어 눈 먹어

꼿은 붉으어 눈 붉어

諸凡動詞及形容詞가 助動詞와 合ᄒᆞᄂᆞᆫ 時에 常해 右例와 如

ᄒᆞ縮約을 起ᄒᆞ미라

更히 他例를 示ᄒᆞ건대

말이가지안ᄂᆞᆫ도다

此에(가지안)을 縮約ᄒᆞ야(가잔)을 作ᄒᆞ미 是니 此亦類推ᄒᆞ

면 可知ᄒᆞᆯ듯

第二編 言語論

第一章 名詞

第一節 名詞의 意義

名詞라ᄒᆞ는者는 有形、無形ᄒᆞᆫ 一切事物의 名을 稱ᄒᆞ는 語이라

죠션、 을지문덕、 나라、 사람、 하나、 들、 더위、 매음

、 깃브기

右等語는 皆事物의 名이라 故로 名詞라ᄒᆞ나니라

第二節 名詞의 種類

名詞는 其性質에 依ᄒᆞ야 三種으로 分ᄒᆞ니 (一) 特立名詞 (二) 普通名詞 (三) 變化名詞라

(甲) 特立名詞

特立名詞라ᄒᆞ는者는 一事一物에 限ᄒᆞ야 其名을 立ᄒᆞ고 同種類

에通用ᄒ기를得지못ᄒ는者이라

죠션

을지문덕

(죠션)은唯我四千年以來神聖ᄒ國名이라天下萬國에通

用홈을得지못ᄒ며

(을지문덕)은唯我舊代의文武忠勇ᄒ大將으로隋煬帝의

百萬兵을一擧大破ᄒ든人名이라古今諸人에通用홈을

得지못ᄒ미라

右等語는一有三無ᄒ特稱이라故로特立名詞라ᄒ나니라

(乙)　普通名詞

普通名詞라ᄒ는者는其名이同種類에通用ᄒ기를得ᄒ는者이

라

나라

사람

(나라)는 天下萬國에 通用홈을 得ᄒᆞ야 그랫쓰리든,ᅟᅳ프랜쓰、
터키等國을 皆 나라라 云ᄒᆞ며

(사람)은 古今彼此各人에 通用홈을 得ᄒᆞ야 孔子耶穌갓튼
聖人이나 盜跖王莽갓튼 惡人과 又 支那人이나 印度人이
든지 皆사람이라 云ᄒᆞ미라

右等語는 同類互用ᄒᆞ는 通稱이라 故로 普通名詞라 ᄒᆞ나니라

普通名詞中에 數名詞와 無形名詞의 二門을 別立ᄒᆞ는 者가 或有
ᄒᆞ니曰(하나)曰(둘)갓치 事物의 個量을 槪筭ᄒᆞ기에 用ᄒᆞ는 詞를 數
名詞라 謂ᄒᆞ고 曰(더위)曰(매옴)갓치 事物이 其名은 有ᄒᆞ대 其形은
無ᄒᆞ야 見ᄒᆞ기 能치 못ᄒᆞ고 感ᄒᆞ거나 味ᄒᆞ야 知ᄒᆞ는 者의 詞를 無

○○形名詞라 謂ᄒᆞ나 此는 其 性質이 普通에 屬홈이 可ᄒᆞᆫ 故로 區別홀

理由가 無ᄒᆞ야 略ᄒᆞ고 擧치 아니ᄒᆞ노라

(丙) 變化名詞

變化名詞라ᄒᆞ는 者는 動詞 或 形容詞로서 變ᄒᆞ야 名詞의 體로化

ᄒᆞ는 語이라

動詞로서 變化ᄒᆞ는 者는

原動詞　　　(ㅁ)으로變化된者　　　(기)로變化된者

깃브어　　　　　깃븜　　　　　　깃브기

슬프어　　　　　슬픔　　　　　　슬프기

形容詞로서 變化ᄒᆞ는 者는

原形容詞　(ㅁ)으로變化된者　　(기)로變化된者

프른　　　　　프름　　　　　　프르기

以上갓치二變化가(ㅁ)의밧침及(기)의밧침으로成ᄒᆞ니니此外

에짓(지)(치)(피)等의밧친變化가間有ᄒᆞ대皆(기)의餘波라

第三節　名詞의數量

名詞의數量이라ᄒᆞ는者는事物의個數를指示ᄒᆞ는語이니此에

複數及單數의區別이有ᄒᆞ녀라

單數는事物의單一을指ᄒᆞ는者이오複數는事物의二個以上을

示ᄒᆞ는者이니此를例示ᄒᆞ건대

單數	複數
병졍	군대
개	개들

單數名詞가複數되는時는原語의下에(들)을添附ᄒᆞ나니假令

(개)는 單數인데 此에(들)을 添附ᄒ야(개들)이라ᄒ면 複數가 되ᄂ
類라

單數及複數의 原語가 判異한 體相으로 成立한 者도 有ᄒ니 假
令(병정)은 單數인데(군대)라ᄒ면 複數되ᄂ 類니 此樣複數名詞
ᄂ 集合名詞라又稱ᄒ나니라

指名ᄒᄂ 事物의 數量을 數爻로 說出ᄒᄂ 時ᄂ 語音의 俗慣에
因ᄒ야(들)을 省略ᄒ나니 假令(다섯사람)이라 云ᄒᄂ 際에(들)을
添附치아니ᄒ야도 複數되ᄂ 類니라

第四節　名詞의 位格

名詞의 位格이라ᄒᄂ 者ᄂ 一事物이 他語와 關係ᄒᄂ 地位를 指
示ᄒᄂ 者이니此에 主格及賓格의 區別이 有ᄒ나라

主格名詞ᄂ 一事物이 語句中에 主되ᄂ 地位에 處한 者이니 假令

나븨가나르어

此에(나븨)가主格。이니卽(나르어)라云ᄒᆞᄂᆞᆫ語에對ᄒᆞᄂᆞᆫ關

係로主되는地位에處ᄒᆷ이라

賓格名詞ᄂᆞᆫ一事物이語句中에賓되는地位에處ᄒᆫ者이니假令

사람이말을타어

此에(말)이賓格이니卽(말)이主格되는(사람)의(타어)라云ᄒᆞ

ᄂᆞᆫ語에對ᄒᆞᄂᆞᆫ關係로賓되는地位에處ᄒᆷ이라

賓格名詞ᄂᆞᆫ반다시主格名詞의動作에付隨ᄒᆞᄂᆞᆫ關係가有ᄒᆫ者

이로대或境遇에言語의便利로主格을省略ᄒᆞ야도賓格의地位

ᄂᆞᆫ變치아니ᄒᆞᄂᆞ니假令

꼿을보어

此에다만(꼿을보어)라ᄒᆞ고其主格되는名詞ᄂᆞᆫ示치아니

ᄒᆞ야도 語法上(보어)의 主格이 自然存在ᄒᆞ니라

第二章　代名詞

第一節　代名詞의 意義

代名詞라ᄒᆞᄂᆞᆫ者ᄂᆞᆫ事物의名의代에用ᄒᆞᄂᆞᆫ語이라

나、너、누구、이、그、뎌、므엇

右等語ᄂᆞᆫ皆名詞를代ᄒᆞᄂᆞᆫ者이라故로代名詞라云ᄒᆞᄂᆞ니라

第二節　代名詞의 種類

代名詞ᄂᆞᆫ其用處를隨ᄒᆞ야四種으로區別ᄒᆞᄂᆞ니라　(一)人代名詞 (二)指示代名詞 (三)問代名詞 (四)關係代名詞이니라

(甲) 人代名詞

人代名詞라ᄒᆞᄂᆞᆫ者ᄂᆞᆫ人의名의代에用ᄒᆞᄂᆞᆫ語이라

人代名詞ᄂᆞᆫ四稱에分ᄒᆞᄂᆞ니라

一。 自稱又第一人稱

　나、 此는言者自身의名의代에用ᄒᆞ는語이라

二。 對稱又第二人稱

　너、 此는言者가其對手人의名의代에用ᄒᆞ는語이라

三。 他稱又第三人稱

　이익, 그익, 뎌익 此는言者我汝間에言出ᄒᆞ는他人의
　名의代에用ᄒᆞ는語이라

四。 不定稱

　누구, 어느익此는言者我汝間에言出ᄒᆞ는他人의姓名
　을知치못ᄒᆞ거나指目을定치못ᄒᆞ는際에用ᄒᆞ는語이라

（乙）　指示代名詞

指示代名詞라ᄒᆞ는者는事物處所方向을指示ᄒᆞ기에代用ᄒᆞ는

者ᄂᆞᆫ

語이라

指示代名詞는 其指示ᄒᆞᄂᆞᆫ 位置의 遠近에 由ᄒᆞ야 四稱으로 分ᄒᆞ니라

一 近稱

事物에 關ᄒᆞ야ᄂᆞᆫ 曰

이거

處所에 關ᄒᆞ야ᄂᆞᆫ 曰

여긔

方向에 關ᄒᆞ야ᄂᆞᆫ 曰

이편

此等語ᄂᆞᆫ 皆言者自已에게 近接ᄒᆞᆫ 位置에 在ᄒᆞᆫ 者를 指示ᄒᆞᆷ이라

二 中稱

事物에關ᄒ야는 曰

거긔

處所에關ᄒ야는 曰

方向에關ᄒ야는 曰

그편

此等語는皆言者自己에게稍離ᄒ位置에在ᄒ者를指

示ᄒ미라

三 遠稱

事物에關ᄒ야는 曰

져긔

處所에 關ᄒ야는 曰

뎌긔

方向에 關ᄒ야는 曰

뎌편

此等語는 皆言者自己에게 最遠ᄒ 位置에 在ᄒ 者를 指示ᄒ미라

四 不定稱

事物에 關ᄒ야는 曰

어느거

處所에 關ᄒ야는 曰

어대

方向에 關ᄒ야는 曰

어느편

此等語는 皆言者自己가 指目을 定치 못ᄒᆞ거나 情形을

知치 못ᄒᆞ는 者를 指示ᄒᆞ미라

(丙) 問代名詞

問代名詞라ᄒᆞ는 者는 人, 事物處所, 方向時日에 關ᄒᆞ야 問ᄒᆞ는 時

에 代用ᄒᆞ는 語이라

問代名詞는 疑問의 表示에 因ᄒᆞ야 五類로 分ᄒᆞᄂᆞ라

　　　人에 關ᄒᆞ야는 曰

　　누구　　事物에 關ᄒᆞ야는 曰

　　므엇　　處所에 關ᄒᆞ야는 曰

處所에 關ᄒᆞ야는 曰

時日에 關ᄒᆞ야 問ᄒᆞ는 時

어대

方向에 關호야는 曰

어는편

時日에 關호야는 曰

언제

(注意)人代名詞及指示代名詞中不定稱의語와問代名詞에屬

훈語가互相通用홈이有호니라

(丁) 關係代名詞

關係代名詞라호는者는一代名詞가語句의前或後에在호야其

上或下의語句를聯關호는同時에又其意義를表出호는者이라

關係代名詞는言語成立上二種의形式이有호니라純全關係代名

詞와混成關係代名詞니라

純全關係代名詞는自立호原語가有호者이니此에屬호者는

박、거

今에此를例示호건대

가무는쌔에바라는바눈비○

가무는쌔에바라는거눈비라

비눈가무는쌔에바라는바라○

비눈가무는쌔에바라는거라

가무는쌔에바라는바비가온다

(注意)(바)와(거)의用處가相似호나但第五例語의示홈
과如히(바)눈其表出호는名詞上에形容詞體로處홈을
得호대(거)눈然치못호니라

混成關係代名詞눈自立호原語가無호고代名詞의(이)(그)(더)를

普通名詞或純全關係代名詞(거)의上에附ㅎ야써一種關係代名

詞를成ㅎ는者라

今에右를例示ㅎ건대

ㄴ、진봄、꼿피는이쩨논놀기됴흔시절이라○

리순신싸홈잘ㅎ든그사람이야춍효겸젼호영웅이라○

바라보는뎌긔버드나무밋에배대여라

너구ㅎ든죠희、뚝、그거논업서도、근사흔거논잇다○

　　　第三節　代名詞의數量

代名詞도名詞와갓치其表示ㅎ는個數의單複에因ㅎ야數量이

有ㅎ니또한單數와複數의二種에區別ㅎ니라

　　單數　　　　　　　　複數

　이거　　　　　　　　이것들

代名詞의 複數에 原語가 有ᄒ나 通常인즉 單數의 下에(들)을 附ᄒ
야 複數를 成立ᄒᄂ니 假令

原語가 有ᄒ者　　　　　　　　　　　들을 附ᄒᄂ者

單數　나　너　　　　　　　자네　이거　그거　뎌이

複數　우리　너희　　　　자네들　이것들　그것들　뎌이들

言語의 口慣으로 原語가 有ᄒ 複數에도 ᄯᅩ한(들)을 附ᄒ
나니 假令 複數(우리)에(들)을 附ᄒ야(우리들)이라 ᄒᄂ는 類
가 是라

(이거)는 語音의 口慣으로 或(거)의 下에(ㅅ)을 밧치어(것)을
作ᄒ기도 ᄒ나(들)의 上에 在ᄒ야는 반다시(ㅅ)을 밧치나

第三章 動詞

第一節 動詞의 意義

動詞라 ᄒᆞᄂᆞᆫ 者ᄂᆞᆫ 名詞及代名詞의 作用或形態를 發現 ᄒᆞᄂᆞᆫ 語이라

불이 ᄒᆞᆯ○ᄂᆞ○어○

(ᄒᆞᆯᄂᆞ어)ᄂᆞᆫ 動詞니 名詞(불)의 作用을 發現ᄒᆞᆷ이라

네가 굿셰다

(다)ᄂᆞᆫ 動詞니 此下에 更陳ᄒᆞᆷ 其實은 助動詞라 代名詞(너)의 形態(굿셰) 形容詞 를 發現ᄒᆞᆷ이라

右의(ᄒᆞᆯᄂᆞ어)及(다)ᄂᆞᆫ 名詞及代名詞의 作用或形態를 發現ᄒᆞᄂᆞᆫ 者인故로 動詞라 ᄒᆞᄂᆞ니라

니라

第二節　動詞의 種類

動詞는 其發現ᄒᆞ는 性質에 因ᄒᆞ야 自動○及 他動○의 二種에 分ᄒᆞᄂᆞ라

（甲）自動詞

自動詞라ᄒᆞ는 者는 其動이 自己의 作用 或 形態ᄅᆞᆯ 發現ᄒᆞ기에 止ᄒᆞ고 他事物에 及지아녀ᄒᆞ는 語이라

새가나르오○。

산이놉프다○。

（나르오）는（새）自己의 作用을 發現ᄒᆞ고 他及ᄒᆞ는 關係가 無ᄒᆞ며（다）는 오作（산）의 形態（놉프）ᄅᆞᆯ 發現ᄒᆞ고 他及ᄒᆞ는 關係가 無ᄒᆞᆷ으로 自動詞가 되미라

（乙）他動詞

他動詞라ᄒᆞ는者는其動이他事物에及ᄒᆞ는語이라

말이물을마신다。。。

(마신)은他動詞이니主格名詞(말)의動이賓格名詞(물)에及

ᄒᆞᆷ이라

凡動詞는名詞의作用을發現ᄒᆞ는者인故로其作用의主되는

名詞를主語(主格名詞)라ᄒᆞ고主語의作用을發表ᄒᆞ는語를說

明語라云ᄒᆞ며主語의作用을受ᄒᆞ는名詞를客語(賓格名詞)라

云ᄒᆞ나니라

然ᄒᆞᆫ지라自動詞는主語及說明語싸람으로成立ᄒᆞ고客語를

要치아니ᄒᆞ거니와他動詞는主語、客語及說明語의三者를必

須ᄒᆞ나니라

玆에特히注意ᄒᆞᆯ者는語慣의方便으로時或他動詞가客語를

省略ᄒᆞ고도 主語의 他及ᄒᆞ는 關係를 說明ᄒᆞ나니 假令前例에

「말이물을마신다」에 客語(물)을 省略ᄒᆞ야「말이마신다」ᄒᆞ야도 主

語(말)의 動마신이 客語(물)에 及ᄒᆞᆷ을 自然發現ᄒᆞ미라

動詞는 往或 自動과 他動에 幷用ᄒᆞ는 者가有ᄒᆞ니 今에 其例를 示

ᄒᆞ건대

꼿이픠어 。。

右語에(픠어)는 自動詞이니 꼿의 作用을 發現흘ᄯᅡ람이라

사람이소음을픠어 。。

右語에(픠어)는 他動詞이니(사람)의 作用이(소음)에 及ᄒᆞᆷ을

發現ᄒᆞ미라

自動詞가又其語尾의變化에因ᄒᆞ야 他動詞로成ᄒᆞ는 事가有ᄒᆞ

너今에 其例를 示ᄒᆞ건대

세쇼리가 우르어。○르어。

此境遇에(우르어)가 自動이나

아해가세쇼리를 울녀어。○녀어。

라云ㅎ면 此境遇에(울녀어)가 他動이되나니 其理를明ㅎ건대

自動詞(우르어)를 縮音의 方便으로 을을 成ㅎ고 其下에(녀어)二字를 附ㅎ야 他動詞를 作ㅎ미라

他動詞는 發現ㅎ는 形式에 主動과 被動의 二種이 有ㅎ니라

(甲) 主動詞

主動詞라ㅎ는 者는 主格名詞의 作用이 賓格名詞에 及ㅎ는 關係를 發現ㅎ는 語이라

을지문덕이 수양데를 쌔흐리어。○리어。

此에(새ᄃ리어)ᄂᆞᆫ主○動○詞이니主格名詞(을지문덕)의作用

이賓格名詞(수양뎨)에及ᄒᆞᄂᆞᆫ關係ᄅᆞᆯ發現ᄒᆞ미라

(乙)　被動詞

被動詞라ᄒᆞᄂᆞᆫ者ᄂᆞᆫ主格名詞가賓格名詞의作用을被ᄒᆞᄂᆞᆫ關係

ᄅᆞᆯ發現ᄒᆞᄂᆞᆫ語이라

수양뎨가을지문덕에게새ᄃ리어지어○○○○

此에(새ᄃ리어지어)ᄂᆞᆫ被動詞이니主格名詞(수양뎨)가賓

格名詞(을지문덕)의作用을被ᄒᆞᆷ을發現ᄒᆞ미라

主動詞가被動詞되ᄂᆞᆫ時ᄂᆞᆫ恒常主動詞原語의尾에(지어)ᄅᆞᆯ附ᄒᆞ

나ᄂᆞ니라

被動詞ᄂᆞᆫ오작他動詞에屬ᄒᆞᆫ形式인故로自動詞에屬ᄒᆞᆫ語가被

動詞가되ᄂᆞᆫ時ᄂᆞᆫ必先自動詞ᄅᆞᆯ語尾의變化로他動詞ᄅᆞᆯ作ᄒᆞ야

主動詞를 成호고 其尾에(지어)를 附호느니 今에 其例를 示호건대

비가 개어。

此에(개어)는 自動詞이라

서풍이 비를 개이어。

此에(개이어)는 主動詞이니 卽 自動詞(개어)가 他動詞(개이

어)로 變호야 生動詞를 成호미라

비가 서풍에 개이어지어。

此에(개이어지어)는 被動詞이니 卽 主動詞(개이어)下에(지

어)를 附호야 被動詞를 作호미라

被動詞의 成立에 關호야 注意홀바는(지어)를 附치아니호고도 被

動詞를 成호는 者가 有호느니 今에 其例를 示호건대

개가 아해에게 마졋소。

此에(마젓소)가 被動詞이나 지어의 附홈이업고 다만 마젓

의 語로써 主格名詞(개)가 實格名詞(아해)의 動을 被홈을 發

現호니 是蓋(마젓)과 如호 動詞는 本來 其語의 意義가 他의

動作을 受홈을 發現호는 故이라

第三節　動詞의 時期

動詞의 時期라호는 者는 動詞가 其活用을 因호야 其表示호는 時

期를 發現호는 語이라

動詞의 時期는 六種으로 分호니 現在○ 未來○ 過去○ 過去의 現在○ 過去

의 未來○ 過去의 過去니라

(甲)　現在動詞

現在動詞는 名詞의 現在의 作用或狀態를 發現호미니 假令

가오

原語(가)의 下의 助動詞(오)를 附ᄒᆞᄂᆞ니라

(乙)　未來動詞

未來動詞는 名詞의 未來의 作用 或 狀態를 發現ᄒᆞ미니 假令

갈야오

原語(가)에 (ㄹ)을 밧치어 (갈)을 作ᄒᆞ고 又 其下에 他助動詞(야)를

附ᄒᆞ야 (갈야)를 作ᄒᆞ며 此에 他助動詞(오)를 更附ᄒᆞᄂᆞ니라

(丙)　過去動詞

過去動詞는 名詞의 過去 作用 或 狀態를 發現ᄒᆞ미니 假令

갓셧소

갓소

原語(가)에 (ㅅ)을 밧치어 (갓)을 作ᄒᆞ고 又 其下에 助動詞(셧)을

附ᄒᆞ야 (갓셧)을 作ᄒᆞ고 此에 他助動詞(소)를 更附ᄒᆞ미라

（갓소）는 前例의 助動詞（섯）을 拔去훈 者이니 其用處와 語義가 相同호대 兩者를 考視호면（갓섯소）가（갓소）보다 比較的 稍益過去에 屬호는 傾向이 有호미라

(丁) 過去의 現在動詞

過去의 現在動詞는 名詞의 過去作用 或 狀態를 現在樣으로 發現호미라 假令

가드니

原語現在（가）의 下에 助動詞（드）를 附호야（가 드）를 作호고 此에 他助動詞（너）를 更附호미라

(戊) 過去의 未來動詞

過去의 未來動詞는 名詞의 過去의 作用 或 狀態를 未來樣으로 發現호미너 假令

갈야드니

原語未來(갈야)의 下에 助動詞(드)를 附ᄒ야(갈야드)를 作ᄒ

고此에 他助動詞(니)를 更附ᄒ미라

(已) 過去의 過去動詞

過去의 過去動詞는 名詞의 過去의 作用或狀態를 旣已過去樣으

로發現ᄒ미니假令

갓섯드니

갓드니

原語過去(갓섯)의 下에 助動詞(드)를 附ᄒ야(갓섯드)를 作ᄒ

고此에 他助動詞(니)를 更附ᄒ나니라

(갓)의 下에도 亦(드)를 附ᄒ야(갓드)를 作ᄒ야用ᄒ나니(갓섯

드)와 同ᄒ미라

면 皆然 미라

第四節 動詞의 變化

動詞 名詞의 作用 又狀態를 說明 語이나 其語尾의 變化

 關係에 因 야 他部門의 體裁를 化成 나니라

動詞의 變化 二種이 有 니 一은 名詞의 體를 成홈이오 一은 形

容詞의 體를 成홈이니라

動詞의 名詞로 化成 者는 卽第一章에 陳 變化名詞라 故로

玆에 略 노라

動詞가 形容詞로 化成 者는 卽其用이 形容詞에 類 者이니

此를 文典上分詞라 稱 나니라

分詞의 成立은 動詞의 尾에(ㄴ)及(ㄹ)의 밧침으로 由 야 恒常名詞

의上에位ᄒᆞᄂᆞ니라

分詞ᄂᆞᆫ動詞의時期ᄅᆞᆯ因ᄒᆞ야六節이有ᄒᆞᄂᆞ니라

(一)　現在節分詞

가ᄂᆞᆫ

(가)ᄂᆞᆫ動詞니助動詞(ᄂᆞ)의下에(ㄴ)을밧치어(ᄂᆞᆫ)을作ᄒᆞ야動詞(가)와合附ᄒᆞ야(가ᄂᆞ)을成ᄒᆞ야形容詞體로化ᄒᆞᄂᆞ니假令(가ᄂᆞᆫ사람)(가ᄂᆞᆫ말)이라云ᄒᆞᄂᆞᆫ時에사람及말의動作ᄒᆞᄂᆞᆫ現在狀態ᄅᆞᆯ形容홈이라

(二)　未來節分詞

갈

動詞(가)의下에(ㄹ)을밧치어(갈)을成ᄒᆞ미니卽未來動詞와相同ᄒᆞ미라假令(갈사람)

(三)　過去節分詞

갓는

此는 過去動詞(갓)의 下에(는)을 附호야 過去分詞(갓는)을 成

홈이니 假令(갓는사람)

(注意)此에 갓는뿐을 例示호나 갓(잣)갓섯는)도 過去分詞

에 屬홈을 注意홀지니라

(四)　過去의 現在節分詞

가든

此는 過去의 現在動詞(가드)에(ㄴ)을 밧치어(가든)을 成호미

니 假令(가든사람)

(五)　過去의 未來節分詞

此는 過去의 未來動詞(갈야드)에(ㄴ)을 밧치어(갈야든)을 成

ᄒ미니假令(갈야든사람)

(六) 過去의過去節分詞

갓든

此ᄂᆞᆫ過去의過去動詞(갓드)에(ㄴ)을밧치어(갓든)을成홈이

니假令(갓든사람)

此에(갓섯든사람)도ᄯᅩ한屬ᄒᄂᆞ니라

第四章 助動詞

第一節 助動詞의意義

助動詞라ᄒᄂᆞᆫ者ᄂᆞᆫ動詞의活用을助하其意義ᄅᆞᆯ完成ᄒᄂᆞᆫ語

이라獨立으로用홈을不得ᄒᄂᆞ니此ᄅᆞᆯ例示ᄒᆞ건대

아　말이달ᄂᆞ아

어　말이달ᄂᆞ어

오　말이달너오

此에(아)(어)(오)눈 助動詞이니動詞(달너)가다만原語눈成

立ᄒᆞ얏시나活動홈을得지못ᄒᆞ고助動詞(아)(어)(오)를得

ᄒᆞ야비로소其意義를完成ᄒᆞ미라是故로助動詞도또한

動詞를得지못ᄒᆞ면其用이無ᄒᆞ니此를類推ᄒᆞ면其他를

可知ᄒᆞᆯ지니라

第二節　助動詞의種類

助動詞눈其用法에因ᄒᆞ야期節을生ᄒᆞ며階段을成ᄒᆞ며意思를

表ᄒᆞᄂᆞ니라

第一　助動詞의期節

助動詞의期節이라ᄒᆞ눈者눈助動詞를動詞의語尾에附ᄒᆞ야動

詞의發現ᄒᆞ눈作用及狀態上時期를表ᄒᆞᄂᆞ者이라

助動詞는三期로分ᄒᆞᄂᆞ니各期節에固有ᄒᆞᆫ者와通用ᄒᆞᄂᆞᆫ者의二種이有ᄒᆞᄂᆞ라

(甲) 各節固有ᄒᆞᆫ助動詞

各節에固有ᄒᆞᆫ助動詞를左에例示ᄒᆞ건대

(一) 現在에關ᄒᆞᆫ者

現在에關ᄒᆞᆫ助動詞ᄂᆞᆫ(아)(어)(오)로成ᄒᆞᄂᆞ니卽原語의尾에附用ᄒᆞ미라假令

　내가가아。

　말이마시어。

　닭이우르오。

右例에(아)(어)(오)가皆動詞原語의下에添附ᄒᆞ야各其現在作用을發現ᄒᆞ미라

(二) 未來에 關호 者

未來에 關호 助動詞 눈(겟)으로 成호대 原語의 下에 附호고 更又他

助動詞를 其下에 附호나니 假令

내가 가겟소

샷이 뛰겟도다

右例에(겟)이 皆動詞原語의 下에 附호야 其未來의 作用을

表示호대 單히 自已썬으로 논 語意를 完成치 못호고 他助

動詞(소)及 도(다)를 得호야 其語가 始全호미라

(注意)(겟)은 又過去動詞와 合附호야 過去의 未定호 作用

을 表現호나니 此논 次節意思에 叅看홈이 可호미라

(三) 過去에 關호 者

過去에 關호 助動詞 눈(드)엿(더)를 用호나니 原語動詞現在及過去

의 下에 附호대 其下에 他助動詞 或 接續詞를 更附호미라 假令

칼을 싸히(드)라도 놀내지마어라

물고기를기를야고연못을파(더)라

양만춘은안시셩을잘직히엇(더)니라

右例에 依흔 則 (드)(더)의 用이 不一호나 其發現호는 意는 皆

過去作用에 屬호나 (더)는 其實이 (드어)의 縮成흔 者이로대

俗慣에 因호야 一個語를 別成홈갓치 되나라

(乙)　各節通用호는 助動詞

各節에 通用호는 助動詞의 重要흔 者는 (야)及(지)로 成호나라 此를

左에 例示호건대

(야)는

現在　되야

未來　될야

過去　되어야

右例에考호則現在눈卽境에屬호야他意가無호거나

와未來에눈肯意룰含호고過去에눈必要룰表호나라

現在境遇에눈(야)의代에(서)룰多用호나니라」

(지)눈

現在　가지

未來　갈지

過去　갓지

右(지)눈三節에皆意思룰表示호눈者이라

第二　助動詞의階段

助動詞의階段이라호눈者눈助動詞가動詞에協附호눈作用上

語句에 各樣 段落을 生호야 語套를 構成호는 者이라 此에 四段이

有호니라

(甲) 合續段 (거)(더)等 語를 動詞의 語尾에 附호고 其下에 他助

動詞를 合續호야써 其語의 段落을 成호는 者이라 故로 此를

合續段이라 稱호나니 假令

　○가거라

　○가더니

　의 類이라

(乙) 連鎖段 (서)(야)等 語를 動詞의 尾에 附호야 其語의 段落은

完成호대 獨立호 一句語는 되지 못호고 必其下에 此와 關係

되는 他段落을 得호 後에 全句의 意가 始完호는 者이라 故로

連鎖段이라 稱호나니 假令

가서○
ᄒᆞ야○

의類이니蓋(가서)라ᄒᆞᆫ則其下에此에連鎖ᄒᆞᆫ는他語가

必有ᄒᆞ미라(ᄒᆞ야)도亦同ᄒᆞ니라

(丙)
中止段　(고)(니)等語ᄅᆞᆯ動詞의尾에附ᄒᆞ야一段落의語意

ᄅᆞᆯ中止ᄒᆞ고他語ᄅᆞᆯ連起ᄒᆞᆫ는者이라故로中止段○이라稱ᄒᆞ

나니假令

가니○

가고○

가니

의類이라

(丁)
終結段　(오)(다)等語ᄅᆞᆯ動詞의尾에附ᄒᆞ야其語全體ᄅᆞᆯ終

結ᄒᆞᆫ는者이라故로終結段이라謂ᄒᆞ나니假令

助動詞의意思라ᄒᆞᄂᆞᆫ者ᄂᆞᆫ助動詞가動詞의語尾에附ᄒᆞ야言者
의意思ᄅᆞᆯ各樣形式으로發表ᄒᆞᄂᆞᆫ者이라此意思ᄂᆞᆫ其種이多ᄒᆞ
나九種으로大別ᄒᆞ야次第分論ᄒᆞ노라

第三　助動詞의意思

(甲)　欲情ᄋᆞᆯ表ᄒᆞᄂᆞᆫ者

欲情ᄋᆞᆯ表ᄒᆞᄂᆞᆫ助動詞ᄂᆞᆫ希求願望의意ᄅᆞᆯ表ᄒᆞᄂᆞᆫ者이라欲情의
助動詞의重要ᄒᆞᆫ者ᄅᆞᆯ舉示ᄒᆞ건대

　저

　야

가　가
다○오○
의類이라

고져

십흐어

今에右語를用ᄒ야例를示ᄒ건대

뎌이가셔양에가고져ᄒ오。

뎌이가셔양에갈야ᄒ오。

산에구경가고십흐어。

산에구경가져이다。

右例에(고져)와(야)는皆動詞原語의下에直附ᄒ고又其下
에他助動詞를附ᄒ대但(고져)의下에ᄂ動詞의(ᄒ)를附ᄒ
나니라

(십흐어)는動詞原語의下,助動詞(십흐어)의上에반다시助
動詞(고)를間入ᄒ나니라

（저）와（고저）가 皆欲情을 表ㅎ는 者로서（저）가（고저）의 略과 如

ㅎ나 然ㅎ나 其實用에 至ㅎ야는 大異ㅎ니（고저）는 卽其欲

望을 直表ㅎ미오（저）는 自己의 欲望을 他人에 向ㅎ야 請求

ㅎ는 意를 表ㅎ미라（고저）의 下에는 動詞（ㅎ）를 附ㅎ대（저）의

下에는 不然ㅎ니라

(乙)

必要를 表ㅎ는 者

必要를 表ㅎ는 助動詞는 事情及職分上停止不得ㅎ는 意를 表ㅎ

는 者이라 必要助動詞의 重要한 者를 擧ㅎ건대

어야

今에 右語의 例를 示ㅎ건대

내가가어야ㅎ겟소

右例에（어야）는 動詞原語의 尾에 附ㅎ야가 지아니치못ㅎ

는意를表ᄒᆞ는者이라

(丙) 決定을表ᄒᆞ는者

決定을表ᄒᆞ는助動詞는實行斷定의意를表ᄒᆞ는者이라決定助

動詞를擧ᄒᆞ건대

서

껫

마

今에右語의例를示ᄒᆞ건대

네가가서보아라

내가가껫다

내가가마○

右例에(서)(껫)(마)는皆決定ᄒᆞ는意思를表ᄒᆞ는助動詞이

니 卽皆動詞原語의 尾에 附ᄒ야 未來의 事를 決定홈에 用

ᄒ나니라

(丁) 命令을 表ᄒᄂ 者

命令을 表ᄒᄂ 助動詞ᄂ 他人에게 行爲ㅅ 又 不行爲를 命令ᄒᄂ 意

를 表示ᄒᄂ 者이라 命令助動詞의 重要ᄒ 者를 擧ᄒ건대

오

게

라

今에 右語의 例를 示ᄒ건대

져리가오。

그리말게。

이리하어라。

右例에(오)(게)(라)는皆命令의意를表示ᄒᆞᄂᆞᆫ助動詞이라

但此三語의用處가相殊ᄒᆞ니卽(오)는敬意를表ᄒᆞᄂᆞᆫ人에

對ᄒᆞ야用ᄒᆞ고(게)는半交에用ᄒᆞ며(라)는半交以下에用ᄒᆞ

나니라

(戊) 役使를表ᄒᆞᄂᆞᆫ者

役使를表ᄒᆞᄂᆞᆫ助動詞는他人의動作을被ᄒᆞᄂᆞᆫ意를表示ᄒᆞᄂᆞᆫ者

이니役使助動詞의重要ᄒᆞᆫ者를舉ᄒᆞ건대

지어

右語의例及意義의解釋은並皆動詞의被動詞節에詳示

ᄒᆞᆫ則彼處에參照ᄒᆞ면自明ᄒᆞᆯ듯

(已) 擬想을表ᄒᆞᄂᆞᆫ者

擬想을表ᄒᆞᄂᆞᆫ助動詞는事實의推量又想像을表示ᄒᆞᄂᆞᆫ者이니

擬想助動詞의重要혼者를擧호건대

지

는지

의類이나(지)又(는지)는三節時期에皆通用홈을得호미라

其例를示호건대

그이가갓지又가는지。　現在

그이가갈지又갈는지。　未來

그이가갓지又갓는지　過去

(庚)　疑問을表호는者

疑問을表호는助動詞는自己의疑惑探問의意를表示호는者이

라疑問助動詞의重要혼者를擧호건대

가

右語의 例를 示ᄒ건대

그이가갓는가。

此에(가)는 卽疑問의 意를 表ᄒ는者이라

(注意)玆에 特히 注意ᄒ者는 語調이 低昻抑揚에 因ᄒ야

助動詞의 意思表示에 彼此轉用ᄒ는 例를 生ᄒ나니 假

令語調의 昻揚ᄒ는時에(가오)가 疑問에 屬ᄒ고대低抑ᄒ

則單純ᄒ終結段되기에 不過ᄒ고 又(갓지)를揚昻ᄒ는

時는 疑問이로대低抑ᄒ면 決定의意를表홈에近홈이

是라 故로 一例로써 衆多語를 率ᄒ기 不能ᄒ니 此는大

略을 擧ᄒ싸람인즉 讀者는 自得ᄒ는 硏究로 其轉成ᄒ

는妙를 理解홈이 可홈

(辛)

尊敬을 表ᄒ는 者

尊敬을表호는助動詞는他人에對호야尊敬호는意를表示호는

者이라尊敬助動詞의重要호者를舉호건대

시

사

소서

右語의例를示호건대

손님이오시오。

님금이신하를두사。

글을가라처주소서。

右例에(시)는合續段에屬호니未來에(ㄹ)過去에(ㄴ)의밧침

으로形容詞體의助動詞를成호나니라

(사)는連鎖段이오(소서)는終結段이되나니라

(注意) 尊敬詞에 는(사)行의 字로 成ᄒ나니라

(壬) 謙恭을 表ᄒ는 者

謙恭을 表ᄒ는 助動詞는 他人에 對ᄒ야 謙恭ᄒ는 意를 表示ᄒ는

者이라 謙恭助動詞의 重要ᄒ者를 擧ᄒ건대

이다

압나이다

이올시다

이오이다

의 類는 皆 終結段에 屬ᄒ者이오

오

와

의 類는 皆 合續段에 屬ᄒ者이라

右語의例等을示ᄒ건대

내일올이다。○

지금가압나이다。○

이것이문법책이올시다。○

뎌화상이리순신이오이다。○

거번에거긔에가와○

그사람은만나지못ᄒ왓사오니

右例에(이다)는未來에用ᄒ고(압나이다)는現在에用ᄒ나
니라

(이올시다)及(이오이다)는皆名詞의狀態를表示ᄒ는境遇
에用ᄒ는助動詞이오(이다)及(나이다)는皆作用을表示ᄒ
는語이라然ᄒ나或(이다)及(나이다)로써狀態를表示ᄒ는

境遇에用ㅎ기도ㅎ나니라

(압나이다)는語音의縮約ㅎ는關係로(압니다)를成ㅎ나니라

(와)는合續段에屬ㅎ야現在及未來에는(와)를用ㅎ고過去에는(ㅅ)을밧치어(왓)을作ㅎ며又連鎖段(야)의代에用ㅎ기도ㅎ나니라

(오)는過去及現在에用ㅎ고未來에는(ㄹ)을밧치어(올)을作ㅎ야用ㅎ나니라

第五章　形容詞

第一節　形容詞의意義

形容詞라ㅎ는者는名詞의形狀及性質을發表ㅎ는語이라

놉흔　매운

놉흐어 매우어

右等語는皆事物의形狀及性質을發表ᄒᆞᄂᆞᆫ語ㅣ라故로形容詞
라ᄒᆞᄂᆞ니라

第二節 形容詞의種類

(甲) 前置形容詞와後置形容詞

形容詞ᄂᆞᆫ名詞에附從ᄒᆞᄂᆞᆫ關係에因ᄒᆞ야位置를生ᄒᆞ니此에前○
置形容詞及後置形容詞의區別이有ᄒᆞ니라

前置形容詞ᄂᆞᆫ其語가名詞의前에在ᄒᆞ야其現相을表出ᄒᆞᄂᆞᆫ者
이라其例를示ᄒᆞᆫ건대

놉흔뫼

右例에形容詞(놉흔)이名詞(뫼)의前에在ᄒᆞ야其形狀을表
示ᄒᆞ미라

後置形容詞는 其語가 名詞의 後에 在ᄒ야 其現相을 表出ᄒ는 者

이라 其例를 示ᄒ건대

되가 놉ᄒ어。○

右例에 形容詞(놉ᄒ어)가 名詞(되)의 後에 在ᄒ야 其形狀을

表示ᄒ미라

後置形容詞는 助動詞(어)를 得ᄒ야 動詞體를 成ᄒ나니 此下에

詳論ᄒ옴(第三節)

(乙)　原存形容詞와 轉成形容詞

形容詞는 言語의 成立ᄒ는 關係에 因ᄒ야 原○存○形○容○詞○와 轉○成○形○

容○詞○의 區別이 有ᄒ니라

原存形容詞는 本然成立ᄒ 形容詞를 謂ᄒ미라 其例를 示ᄒ건대

놉○혼○되

○깁흔물
○프른풀
○너그러운사람

右例에(놉흔)(깁흔)(프른)(너그러운)等語가皆形容詞로本

然成立흔者이라

轉成形容詞는名詞或動詞로셔變ㅎ야形容詞를成ㅎ는者를謂

ㅎ미라

轉成形容詞는三種이有ㅎ니一은名詞로셔轉成ㅎ는者이오一

은動詞로셔轉成ㅎ는者이오一은漢字의下에國字의添附로成

ㅎ는者이니라

(甲)　名詞로셔轉成ㅎ는形容詞

形容詞가名詞로셔轉成ㅎ는者는二個名詞가連合ㅎ야一事物

을表出ᄒᆞᄂᆫ時에上에在ᄒᆞᆫ名詞ᄂᆫ下에在ᄒᆞᆫ名詞의形容詞가되

ᄂᆞ니此에二種形式이有ᄒᆞᄂ니라

(一)二個名詞의間에(의)字의挿入을因ᄒᆞ야成ᄒᆞᄂᆫ者ᅵ니假令

사람의머리

산의꽂

右例에名詞(사람)의下에接續詞(의)를附ᄒᆞ야形容詞를作
ᄒᆞ야下에在ᄒᆞᆫ名詞(머리)를形容ᄒᆞᄂᆫ形容詞를成ᄒᆞ미니
例二의(산의꽂)도此와同ᄒᆞ미라

(二)二個名詞의間에(의)字를挿入치아니ᄒᆞ고成ᄒᆞᄂᆫ者ᅵ니此에
又二種이有ᄒᆞ니라

(가)二個名詞가相合ᄒᆞᄂᆫ境遇에上의名詞가밧침이無ᄒᆞᆫ時ᄂᆫ
下의名詞의父音과同一의音을上의名詞의下에밧침을附

케ᄒᆞ는 者이라 今에 此를 例示ᄒᆞ건대

학교긔　는　학ㅅ곡긔。

나무닙　은　나문닙。

담배대　는　담뺀대。

채롱　는　챌롱。

이몸　은　임○몸。

귀박회　는　귑○박회。

나라사람　은　나랏사람。

마아지　는　망○아지。

벼집　은　볏○집。

사초롱　은　샀○초롱。

대칼　은　댁○칼。

사긔타구　눈　사릴타구。

호피　눈　흙피。

(注意)一　(ㅎ)行은右의變轉이無홈

(注意)二　例中에(ㄷ)及(ㅌ)의終聲은(人)과同歸ᄒ고(ㅋ)눈
(ㄱ)、(ㅍ)눈(ㅂ)과同歸ᄒ나니此눈語音의類似에因ᄒ야
國字固有의活用을捨ᄒ고簡便ᄒ方道를取ᄒ야同
歸ᄒ눈一音을用ᄒᄆᆞ라

(注意)三　右의例示ᄒ바눈其法則을示ᄒᄆᆞ나音調의
暢澁으로或例外되눈者도有ᄒ나라

(나)二個名詞가相連ᄒ눈境遇에上의名詞가밧침으로成立ᄒ
눈時눈下의名詞눈必其父音이激音을成ᄒ나니此를例示ᄒ

건대

여름구름　은　여름꾸룸○

가을달　은　가을딸○

봄바람　은　봄빠람○

산새　눈　산쌔○

갈자로　눈　갈짜로

(注意)　國字의 激音을 發ᄒᆞᄂᆞᆫ者ᄂᆞᆫ上의 例示ᄒᆞᆫ五音에 不

過ᄒᆞ마라

然ᄒᆞ나(의)字 揷入ᄒᆞᄂᆞᆫ代에 上의名詞가 밧침이 無ᄒᆞᆫ境遇에(ㅣ)ᄅᆞᆯ

傍附ᄒᆞ야 形容詞ᄅᆞᆯ成立ᄒᆞᄂᆞᆫ者가 或有ᄒᆞ니라 此ᄅᆞᆯ例示ᄒᆞᆫ대

소의굼　을　쇠굼

으로 縮成ᄒᆞᆷ이 是라

(乙)

　動詞로셔 轉成ᄒᆞᄂᆞᆫ 形容詞

形容詞의動詞로서轉成ᄒᆞᄂᆞᆫ者ᄂᆞᆫ卽動詞章下에述ᄒᆞᆫ分詞가是

라故로玆에略ᄒᆞ노라

(丙) 漢字의下에國字의添附로成ᄒᆞᄂᆞᆫ形容詞

形容詞가漢字의下에國字의添附로成立ᄒᆞᄂᆞᆫ者ᄂᆞᆫ我國이從來

로漢字를借用ᄒᆞ야漢字가國語로同化ᄒᆞ야매因ᄒᆞ야動詞又形容

詞에屬ᄒᆞᆫ漢字音의下에助動詞(ᄒᆞ)를附ᄒᆞ야成ᄒᆞᄆᆞ라此를例示

ᄒᆞ건대

動詞에屬ᄒᆞᆫ者ᄂᆞᆫ

往ᄒᆞᄂᆞᆫ

來ᄒᆞᆫ

行ᄒᆞᆯ

見ᄒᆞ든

形容詞에屬흔者는

靑흔

紅흘

白호든

此에關호야動詞의分詞節을叅觀홈이可호니是는其期

節이同一홈이라

第三節　形容詞의活用

形容詞는其活用에因호야期節을生호며變體를成호나니라

(甲) 期節

形容詞의期節이라호는者는名詞의形狀或性質을形容호는時

期를隨호야成立호는者이니此亦動詞와갓히六節時期가有호

니今에다만前置形容詞로써例를示호건대

現在　프른、　프르는

未來　프를、　프를야는

過去　프르럿는

過去의現在　프르든

過去의未來　프를야든

過去의過去　프르럿든

(乙)　變體

形容詞의變體라ᄒᆞ는者는形容詞가活用上二個形式으로現ᄒᆞ

야他部門의詞와如ᄒᆞᆫ者를謂ᄒᆞ미니卽(一)은名詞의體를成ᄒᆞ미

오(一)은動詞의體를成ᄒᆞᆷ이라

形容詞가名詞體로現ᄒᆞ는者는卽名詞章下에陳ᄒᆞ야變成名詞의

一이라玆에煩陳치아니ᄒᆞ노라

形容詞가動詞體로現ᄒᆞ는者는卽前陳ᄒᆞᆫ後置形容詞가是라助

動詞와連合ᄒᆞ야變幻ᄒᆞ는諸般關係가動詞와其異가無ᄒᆞᆫ즉此

를助動詞章下에叅着ᄒᆞ면明白ᄒᆞ리니卽助動詞의動詞와合附

ᄒᆞ야生ᄒᆞ는期間階段意思가皆同一ᄒᆞ미라今其重要ᄒᆞᆫ一二의

例를舉示ᄒᆞ건대

期節

原形容詞 프르。가助動詞아。어。오。와合附ᄒ야現在期節을成

ᄒ미니即
프르아
프르어
프르오

階段
合續段
프르거니
프르더니

意思
疑問의意思
프른가

欲情의 意思

프를야

의類가是라此를類推ᄒ면其餘를皆知ᄒᆯ듯

第六章　接續詞

第一節　接續詞의 意義

接續詞라ᄒᄂᆫ者ᄂᆫ言語의中間에插入ᄒ야前後承接ᄒ며上下連讀ᄒ야其意를相通ᄒᄂᆫ語이라

가、은、를、에、의、로、면、브터、나、도

右等語ᄂᆫ皆言語를承接連續ᄒᄂᆫ者이라故로接續詞라云ᄒ니라

第二節　接續詞의 種類

接續詞ᄂᆫ其合包ᄒᆫ意味를因ᄒ야四種에分ᄒ니 (一)定體接續詞

(二)○○○連體接續詞(三)顧體接續詞(四)反體接續詞이라

(甲) 定體接續詞

定體接續詞라ᄒᆞᄂᆞᆫ者ᄂᆞᆫ名詞의下에附ᄒᆞ야其體格을定ᄒᆞᄂᆞᆫ語이라故로定體接續詞라稱ᄒᆞᄂᆞ니라

(一)定體接續詞가名詞의資格을定ᄒᆞ기에主格○이○되○ᄂᆞᆫ者○와賓格○이○되ᄂᆞᆫ者ᄅᆞᆯ隨ᄒᆞ야各其特用語가有ᄒᆞ니此ᄅᆞᆯ例示ᄒᆞ건대

主格에關ᄒᆞᆫ者ᄂᆞᆫ

가 내가잔다○

이 사람이온다○

ᄂᆞᆫ 나ᄂᆞᆫ잔다○

은 사람은온다○

賓格에關ᄒᆞᆫ者ᄂᆞᆫ

룰　나룰브룬다。

을　사람을브룬다。

(注意)一(가)及(이)가相同ᄒ고(눈)及(은)이相同ᄒ며(룰)及(을)도

亦然ᄒ니語尾에밧침이有ᄒ時눈(이)、(은)、(을)을用ᄒ고밧

침이無ᄒ時눈(가)、(눈)、(룰)을用ᄒᄂ니라

(注意)二(이)及(은)이다名詞의主格을表示호대(은)을(이)에比

ᄒ야語意가稍重ᄒ니라

(二)定體接續詞가名詞의體勢룰定홈에눈止勢와動勢의二種이

有ᄒ니止勢눈名詞의體가靜ᄒ야他의動을不受ᄒᄂ者룰謂ᄒ

미오動勢눈其體가動ᄒ야他의動을受ᄒᄂ者룰謂ᄒ미니一二

의例룰示ᄒ건대

止勢에關ᄒᄂ者눈

에　산에○구경가다

으루　강으루고기잡이가다

動勢에關ᄒᆞ는者는

로　소로밧갈다

（注意）　自來로（루）及（로）를區別이업시用ᄒᆞ얏시나其實은

巨大ᄒᆞᆫ差異가有ᄒᆞ니（루）는處所를表示흠에用ᄒᆞ는者

이오（로）는事物을使用흠에用ᄒᆞ는者이며（루）는止勢에

關ᄒᆞᆫ者이오（로）는動勢에關ᄒᆞᆫ者이니라

（乙）　連體接讀詞

連體接續詞라ᄒᆞ는者는言語의中間에在ᄒᆞ야名詞或語句를連

結ᄒᆞ고全語의意味는相通치아니ᄒᆞ는者이라今其一二를例示

ᄒᆞ건대

(丙) 順體接續詞

順體接續詞라흐는者는 上下語或句를 順接흐야 其意를 相通흐는者이라 今其一二를 例示흐건대

면　비가오면。숫이될이라

고로　비가온고로。숫이퓔엇다

(丁) 反體接續詞

反體接續詞라흐는者는 上下語或句를 接續흐면서 其意를 相反케흐는者이라 今其一二를 例示흐건대

나　두견접동이낫이나운다

의　나의책。

와　나와너

쏘　뫼놉흔쏘물고흔이곳

언졍 찰알히 닭의 압이 될지언졍 소의 뒤는 되지 말어라

第七章　添附詞

第一節　添附의 意義

添附詞라ᄒᆞ는者는 動詞、形容詞ᄭᅥ 他添附詞에 添附ᄒᆞ야 其意義

를 限定ᄒᆞ는者이라

눕히、쌀히、매오、모름직히、믄득

右等語는 皆動詞形容詞及他添附詞에 添附ᄒᆞ야 其意義를 限定

ᄒᆞ는者이라 故로 添附詞라ᄒᆞ나니라 今其用例의一二를 示ᄒᆞ건

대

(一) 動詞에 添附ᄒᆞ는者는

　○○쌀히가오

此에(쌀히)는 添附詞이니 動詞(가오)의 意義를 限界ᄒᆞ미라

(二)形容詞에添附ᄒᆞᄂᆞᆫ者ᄂᆞᆫ

매○오○더우어

此에(매 오)ᄂᆞᆫ 添附詞이니形容詞(더운)의意義를限界홈이
라

(三)添附詞에添附ᄒᆞᄂᆞᆫ者ᄂᆞᆫ

매○오○쌀히가오

此에(매 오)及(쌀히)가皆添附詞이니上語가下語의意義를
限界홈이라

第二節　添附詞의種類。○○○○○○○○○○○○○○○○○○○○○○

添附詞ᄂᆞᆫ其成立ᄒᆞᄂᆞᆫ體裁에因ᄒᆞ야正格添附詞와變格添附詞
의二種이有ᄒᆞ니라

(甲)　正格添附詞

正格添附詞라ᄒᆞᄂᆞᆫ者ᄂᆞᆫ一個語ᄅᆞᆯ特自成立ᄒᆞᆫ者이니假令

자못、자조、매오、문득、모롬직히、시러곰

의類이라

(乙)　變格添附詞

變格添附詞라ᄒᆞᄂᆞᆫ者ᄂᆞᆫ他部門의語로서變ᄒᆞ야添附詞ᄅᆞᆯ成ᄒᆞ

ᄂᆞᆫ者이라此에ᄂᆞᆫ四類가有ᄒᆞ니라

(一)　形容詞의語尾에(히)及(게)ᄅᆞᆯ附ᄒᆞ야成ᄒᆞᄂᆞᆫ者이니例ᄅᆞᆯ示ᄒᆞ

건대

쌀히

놉게

此에(쌀히)가添附詞이니形容詞(쌀흔)에(흔)을(히)로變ᄒᆞ

者이오

(놉게)가 添附詞이니 形容詞(놉흔)에 (흔)을(게)로 變호者이

라

(二) 名詞의 語尾에 (로)及(에)를 附호야 成호는者이니 例를 示호건

대

째로○

집에○

此에(째로)及(집에)가 皆添附詞이니 卽名詞(째)及(집)에 (로)

及(에)를 添附호야 成호者이라

(三) 名詞形容詞及動詞의 語尾에 或個正格添附詞를 附호야 成

호는者이니 例를 示호건대

소갓히○

말처름○

此에(말)及(소)는 皆名詞이니(처름)及(갓히)의 添附詞와 連

合ㅎ야 一種添附詞를 成ㅎ미라

붉으스름 ○

프른대로 ○

此에(붉으)及(프른)이 皆形容詞이니(스름)及(대로)의 添附

詞와 連合ㅎ야 一種添附詞를 成ㅎ미라

뛰는득히 ○

나는다시 ○

此에(뛰는)及(나는)이 皆動詞이니(득히)及(다시)의 添附詞

와 連合ㅎ야 一種添附詞를 成ㅎ미라

(四) 漢字의 下에 國字(히)及(ㅎ게)를 添附ㅎ야 成ㅎ는者이니 例를

示ㅎ건대

甚히。

甚ᄒᆞ게。

의類이라

第八章　感動詞

第一節　感動詞의意義

感動詞라ᄒᆞᄂᆞᆫ者ᄂᆞᆫ人의觸發ᄒᆞᄂᆞᆫ感動ᄋᆞᆯ表示ᄒᆞᄂᆞᆫ語이라

어、하、음、앗차、잇기

右等語ᄂᆞᆫ喜怒哀驚等의感情ᄋᆞᆯ發表ᄒᆞᄂᆞᆫ者이라故로曰感動詞

라ᄒᆞᄂᆞ니라

第二節　感動詞의種類

感動詞ᄂᆞᆫ前陳홈과갓히人의喜怒哀驚等諸般感情ᄋᆞᆯ發表ᄒᆞᄂᆞᆫ

語인즉반다시各情에用ᄒᆞᄂᆞᆫ特別흔語가有흘지나然ᄒᆞ나同一

의 語로서 音調의 低昻押揚에 依ᄒᆞ야 互相通用ᄒᆞᄂᆞᆫ 者가 多ᄒᆞ니

此ᄂᆞᆫ 覽者가 衆量ᄒᆞ면 可히 知得ᄒᆞᆯ 바인 故로 玆에 關略ᄒᆞ노라

第三節　感動詞의 活用

感動詞ᄂᆞᆫ 特別히 言外에 獨立ᄒᆞ야 他句節에 關連치 아니ᄒᆞᄂᆞ니

假令

아 깃븐 비가 온다○○○

此에 (아)가 感動詞이니 (깃븐 비가 온다) 云ᄒᆞᄂᆞᆫ 語에 對ᄒᆞ야

其意味의 關連ᄒᆞᆫ 바가 업고 語外에 獨立ᄒᆞ야 言者의 喜悅

ᄒᆞᄂᆞᆫ 感情을 表ᄒᆞᆯ 뿐이니 一般感動詞의 用法이 皆此와 如

ᄒᆞ야 設或 其位置가 語句의 中間에 在ᄒᆞᆯ지라도 亦同ᄒᆞᆫ 故

로 或感動詞를 指ᄒᆞ야 間投詞라 稱ᄒᆞᄂᆞᆫ 者도 有ᄒᆞ니라

第三編　文章論

第一章　文章의意義

文章이라ᄒᆞᄂᆞᆫ者ᄂᆞᆫ人의聲音을一團體의文字로記錄ᄒᆞ야其一定ᄒᆞᆫ思想을發現ᄒᆞᄂᆞᆫ者ㅣ라

是故로文章은其長短에拘치아니ᄒᆞ고一個思想을完結ᄒᆞᆫ者ᄂᆞᆫ皆文章이니要컨대人이自己의思想을表出ᄒᆞ야써他人에게及ᄒᆞ과後世에傳ᄒᆞᆷ을得ᄒᆞᆫ則足ᄒᆞ미라假令

을지문덕은영웅이라

이갓히簡短ᄒᆞ게云ᄒᆞ야도一個文章을完成ᄒᆞ고又此를敷演ᄒᆞ야

을지문덕은지혜와용맹이구비ᄒᆞᆫ대장이오문과무가겸전ᄒᆞᆫ대신이라우리나라사천년래의상등사람이니그충성이며올ᄒᆞᆷ과그공이며업은나랏백성되ᄂᆞᆫ쟈의모범이며사람

의신하되는쟈의법측이로다

이갓히複長ᄒ야도ᄯᅩ한一個文章되기에不過ᄒ나니라

第二章　文章의本原

文章의本原이라ᄒᆞ는者는文章의組織上必要ᄒᆞᆫ言語의部分을

謂홈이니라

第一節　本原의種類

文章의本原은五種으로分ᄒᆞ니即主語○說明語○客語○補足語○修飾

語가是라

就中至簡ᄒᆞᆫ文章이라도主語、說明語가無ᄒᆞᆫ者는成立홈을得지

못ᄒᆞ나니라

第一　主語

主語라ᄒᆞ는者는思想을發現케ᄒᆞ는主格의體言이니一切名詞

되는者는主語됨을得ㅎ고恒常文章中初位에居ㅎ나니假令

개가간다

달이밝소

此에(개)及(달)이皆主語이라。

主語는其成立의形式에因ㅎ야는單○主○語、複○主○語、總○主○語及修○飾○

主語의四種에分ㅎ고又其性質에依ㅎ야는文法上主語及論理

上主語의二種에分ㅎ나니라

(甲)形式에因ㅎ는區別

(一)單主語라ㅎ는者는一個의主語로成立ㅎ는者이니假令

개가간다

此에(개)가單主語이라。

(二)複主語라ㅎ는者는二個以上의主語로成立ㅎ는者이니假令

개○와말○이잔다

此에(개)及(말)이複主語○이니其由논卽(개)及(말)이합씌說明

語(잔다)의主語가되미라

(三)總主語라ᄒᆞ는者는一主語가他主語以上에在ᄒᆞ야他主語及

其動作若形式을統ᄒᆞ는者이니假令

가○을은달○이밝○소

此에(가을)이總主語이니卽(가을)이其下에位ᄒᆞᆫ說明語(밝

소)에對ᄒᆞ야主語되는(달)과ᄯᅩ달의形容을表示ᄒᆞ는說明

語(밝소)를統ᄒᆞᆷ으로써總主語가되미라

(四)修飾主語라ᄒᆞ는者는一主語가自己의形態及作用을表現ᄒᆞ

는他語와合ᄒᆞ야一個主語를成立ᄒᆞ는者이라假令

놉○흔산

가는·개·

此에(놉흔)은主·語·되는(산)의形態를修飾ㅎ고(가는)은主·語·

되는(개)의作用을修飾ㅎ미라故로皆曰修·飾·主·語·라

(乙)

性質에因ㅎ는區別

(一)文法上主語라ㅎ는者는單純흔主語를謂ㅎ미라假令

산·이놉흐어

此에(산)이文法上主·語·이니盖文法上主語는一個文章의

主되는名詞와又名詞句內의名詞自身을指ㅎ고其修飾

又附從의他語를分離ㅎ는者이라故로假令

놉흔산

이라云ㅎ는時에(산)이文法上主·語·가되고其修飾흔語(놉

흔)과分離ㅎ미라

(二)論理上主語라ᄒᆞᄂᆞᆫ者ᄂᆞᆫ卽文法上主語에修飾을加ᄒᆞᆫ者를合

稱ᄒᆞᄂᆞᆫ者이니前陳ᄒᆞᆫ바修飾語와同ᄒᆞᆫ者이라假令

놉○흔○산

此에(놉흔산)이論理上主語이니卽文法上主語(산)에其修

飾語되ᄂᆞᆫ(놉흔)을合ᄒᆞ야稱ᄒᆞᆷ이라

第二　說明語

說明語라ᄒᆞᄂᆞᆫ者ᄂᆞᆫ主語의狀態若作用을表現ᄒᆞᄂᆞᆫ語이라恒常

主語의下에位ᄒᆞ나니動詞或形容詞로成立ᄒᆞᄂᆞᆫ者이라假令

개가간다○

산이놉흐다○

此에(잔다)와(놉흐다)ᄂᆞᆫ皆說明語이니(잔다)ᄂᆞᆫ其主語(개)의

作用을說明ᄒᆞᆫ故이오動詞(놉흐다)ᄂᆞᆫ其主語(산)의狀態를說

明^형故이라 形容詞

說明語는其成立의形式에因^{ᄒᆞ}야는單說明語、複說明語及修節[。]

說明語의三種이有^{ᄒᆞ}고其性質에因^{ᄒᆞ}야는文法上說明語及論[。]

理上說明語의二種이有^{ᄒᆞ}니라

(甲) 形式에因^{ᄒᆞ}는區別

(一)單說明語라^{ᄒᆞ}는者는其主語의狀態若作用을一個語로說明

^{ᄒᆞ}는者이니假令

꽃이퓌도다

此에(퓌도다)는單說明語이니卽主語(꽃)의作用을一個語

(퓌도다)로說明^{ᄒᆞ}는故이라

(二)複說明語라^{ᄒᆞ}는者는其主語의狀態若作用을二個以上의語

로써對立說明^{ᄒᆞ}는者이라假令

물이맑○고깁○흐다

말이물고、찬다

此에(맑고、깁흐다)와(물고、찬다)눈皆複說明語이니卽(맑고、깁흐다)눈其主語(물)의二樣狀態를對立說明훈者이오(물고、찬다)눈其主語(말)의二樣作用을對立說明훈者이라

(三)修飾說明語라호눈者눈說明語에修飾을加훈者를謂호미라

假令

날이심히차다

此에(심히차다)가修飾說明語이니卽主語(날)의性質을說明호기에添附詞(심히)로써其度를修飾훈故이라

(乙)

性質에因호눈區別

(一)文法上說明語라호눈者눈單純훈說明語를謂호미라假令

새가나는○도다

못이곱게뛰엇고나○

此에(나는도다)及(뛰엇고나)는 皆文○法上說明語이니卽其

主語(새)及(못)의作用若狀態를說明홈에單純호語로以호

故이라然호으로(뛰엇고나)를修飾호(곱게)는文法上自然

分離되는者이라

(三)論理上說明語라호는者는卽文法上說明語에修飾을加호者

말이쌀히가는도다○

이나假令

此에(쌀히가는도다)가論理上說明語이니是는(가는도다)

가其修飾호는(쌀히)와連合호야一個說明語를成立호故

이라

第三　客語

客語라 ᄒᆞᄂᆞᆫ者ᄂᆞᆫ主語에對ᄒᆞᄂᆞᆫ說明語의目的名詞이라恒常主

語와說明語의間에位ᄒᆞᄂᆞ니라假令

목수가집을짓는다。

此에(집)이客語이니卽主語(목수)의作用을說明ᄒᆞᄂᆞᆫ(짓는

다)의目的이되야主語(목수)의作用을受ᄒᆞᄂᆞᆫ故로客語이

라云ᄒᆞ며此卽賓格名詞라恒常定體接續詞(을)로써其

體를定ᄒᆞᄂᆞ니라

客語ᄂᆞᆫ其成立의形式에因ᄒᆞ야ᄂᆞᆫ單○客語○複客語及修飾客語의

三種이有ᄒᆞ고其性質에因ᄒᆞ야ᄂᆞᆫ文法上客語及論理上客語의

二種이有ᄒᆞ니라

(甲)　形式에因ᄒᆞᄂᆞᆫ區別

（一）單客語라ᄒᆞ는者는一個의客語로써成立ᄒᆞ는者이라假令

사람이말을탄다

此에（말）이單客語이니卽主語（사람）의作用을受ᄒᆞ는者가

唯（말）一個ᄲᅮᆫ인故이라

（二）複客語라ᄒᆞ는者는二個以上의名詞가一主語에對ᄒᆞ야賓格

되는者이라假令

사람이말과소를몰고간다

此에（말）及（소）가함긔主語（사람）의作用을發表ᄒᆞ는說明語

（몰고간다）의目的名詞가된故로複客語라謂ᄒᆞ미라

（三）修飾客語라ᄒᆞ는者는客語에修飾을加ᄒᆞᆫ者를謂ᄒᆞ미라假令

사람이ᄒᆡᆫ말을탓다

此에（ᄒᆡᆫ말）이修飾客語이니卽客語（말）의狀態를修飾ᄒᆞᆫ바

形容詞(흰)이 連合혼 故이라

(乙) 性質에 因ᄒᆞ는 區別

(一)文法上客語라ᄒᆞ는者는 單純혼 客語를 謂ᄒᆞ미라 假令

나뷔가 죠흔 ᄉᆔ을 차저 단인다 ○○○

此에(ᄉᆔ)이 文法上客語이니 此亦文法上主語의 例에 逑혼

과 갓히 其修飾혼語(죠흔)과 分離ᄒᆞ나니라

(二)論理上客語라ᄒᆞ는者는 文法上客語에 修飾을 加혼者이라 假

令前例

나뷔가 죠흔 ᄉᆔ을 차저 단인다 ○○○

此에(죠흔 ᄉᆔ)이 論理上客語가 되나니 是는(ᄉᆔ)이 其修飾ᄒᆞ

는語(죠흔)과 合ᄒᆞ야 一客語를 成立혼 故이라

第四 補足語

補足語라ᄒᆞ는者는 一名詞가 主語客語의 位에 不在ᄒᆞᆫ者를 謂ᄒᆞ미라 假令

一　구름이 산에 덥히엇다

二　구름이 연긔와 갓ᄒᆞ다

三　물은 나진데로 흐른다

四　아해가 붓으로 글씨를 쓴다

五　리순신은 통졔사가 되얏다

此에 (一)의 (산)과 (二)의 (연긔)와 (三)의 (나진데)와 (四)의 (붓)과 (五)의 (통대사)가 皆補足語이니 補足語는 一文章의 成立上에 主語客語以外의 名詞가 添入되는 者이라 故로 補足語는 唯 名詞에 限ᄒᆞ나니라

第五　修飾語

修飾語라ᄒᆞ는者는 主語、說明語、客語、補足語及他修飾語等을限

定ᄒᆞ는語이라此를例示ᄒᆞ건대

검은구름이머은하날로서큰비를매오급히모러온다

右語를更허分析說示ᄒᆞ건대

검은구름이
　〇　　〇
此에(검은)이修飾語이니卽形容詞로서主語(구름)을修

飾ᄒᆞ者이라

머은하날로서
　〇　〇
此에(머은)이修飾語이니卽形容詞로서補足語(하날)을

修飾ᄒᆞ者이라

큰〇비를
〇
此에(큰)이修飾語이니卽形容詞로서客語(비)를修飾ᄒᆞ

者이라

급히모러온다

此에(급히)가修飾語이니卽添附詞로서說明語(모러온다)를修飾호者이라

매오

此에(매오)가修飾語이니卽添附詞로서說明語의修飾語(급히)를修飾호者이라

修飾語가主語、客語、補足語等의名詞를修飾호는時는恒常形容詞體로成立호고說明語의動詞、形容詞及修飾語의添附詞、形容詞等을修飾호는境遇에는添附詞體로成立호나니라例를示호건대

一　큰바람

二　主語、客語、補足語等을 修飾호 者이라
　　○급히분다

三　說明語의 動詞를 修飾호 者이라
　　○매오프르다

四　說明語의 形容詞를 修飾호 者이라
　　○매오급히

五　修飾語의 添附詞를 修飾호 者이라
　　○매오프른

修飾語의 形容詞를 修飾호 者이라

修飾語의 位置는 恒常 修飾되는 語의 上에 位호나니 或은 直接으
로以호며 或은 間接으로 以호나니라 例를 示호건대
물이매오맑다

바람이서늘ᄒ게부오 ○○○

右ᄂᆞᆫ直接으로修飾ᄒᆞᄂᆞᆫ者이니○매 오及(서늘ᄒ게)가直接

으로說明語의形容詞(ᄆᆰ다)及動詞(부오)ᄅᆞᆯ修飾ᄒᆞᆫ者이라

디구ᄂᆞᆫ상해태양을돈다 ○○

술이가득히잔에담기엇다

右ᄂᆞᆫ間接으로修飾ᄒᆞᄂᆞᆫ者이니卽(상해)ᄂᆞᆫ客語(태양)을間

隔ᄒᆞ야說明語의動詞(돈다)ᄅᆞᆯ修飾ᄒᆞ고(가득히)ᄂᆞᆫ補足語

(잔)을間隔ᄒᆞ야說明語動詞(담기엇다)ᄅᆞᆯ修飾ᄒᆞᆷ이라

第二節　本原의部分

修飾語ᄂᆞᆫ主語客語補足語及說明語의意味ᄅᆞᆯ限定ᄒᆞᄂᆞ니此等

諸語가修飾語와結合ᄒᆞᆫ者ᄅᆞᆯ本原의部分이라稱ᄒᆞᄂᆞ니라

本原의部分은四種이有ᄒᆞᄂᆞ니左에開示ᄒᆞ건대

一、主部　主語가 修飾語와 結合한者이라

二、客部　客語가 修飾語와 結合한者이라

三、補足部　補足語가 修飾語와 結合한者이라

四、說明部　說明語가 修飾語와 結合한者이라

以上四部의 例를 圖示한건대

一
「修飾」흰　「主部」말이　「修飾」쌀히　「說明部」닷 는다

二
「修飾」효도로은　「主部」아달이늚은　「客」「修飾」아비를 잘　「說明部」기른다

三
「修飾」충성시러운　「客部」「主部」신하는　「客部」「修飾」뎌의 목심을　「補足部」「修飾」뎌의 나라에　「說明部」깃버히 바치나니라

以上四部中에客部、補足部及說明部를主部에對ᄒ야敍述部이

라稱ᄒ나니라

　사랑ᄒ는어룬이어린아해에게됴흔책을만히준다

「補足部」「客部」「說明部」

「主部」「敍述部」

本原의部分이成立上에稱呼ᄒ는名詞及感動詞는其位置를不

拘ᄒ고各部와結合ᄒ는關係가無ᄒ니라

第三節　本原의排列

文章의成立에諸本原은各其一定흔位置가有ᄒ니其正則을擧

示ᄒ노라

一、主語는首位에處ᄒ고說明語는末位에處ᄒ나니라

例를示ᄒ건대

「主」「說明」

새가운다

二、客語는 主語와 說明語의 間에 處ᄒ고 若補足語가 有ᄒ 時ᄂ

補足語의 上或下에 處ᄒ나니라

例를 示ᄒ건대

甲、ᅵ主ᅵ지위가 집을 짓ᄂ다
　ᅵ客・ᅵ說明ᅵ

乙、ᅵ主ᅵ지위가 집을 언덕에 짓ᄂ다
　ᅵ客ᅵ補足ᅵ說明ᅵ

丙、ᅵ主ᅵ지위가 언덕에 집을 짓ᄂ다
　ᅵ補足ᅵ客ᅵ說明ᅵ

三、補足語가 客語 잇ᄂ 文에ᄂ 前陳ᄒ 乙、丙의 例와 갓히 客語의

上或下에 在ᄒ고 客語업ᄂ 時ᄂ 主語와 說明語의 間에 位ᄒ

나니라

例를 示ᄒ건대

나、ᅵ主ᅵ뷔가 돛에 안젓다
　ᅵ補足ᅵ說明ᅵ

四、修飾語는修飾되는語의上에位하나니라

例를示하건대

　「修飾」「主」　　　「修飾」「補足」　　　「修飾」「客」「修飾」「說明」
누른 쇠쐬리가 프른 버들에서 봄 바람을 아릿다히 희롱하
는도다

但補足語或客語가有한文에說明語의修飾語는或主語의
直下에位함이多하나니라

例를示하건대

甲、「修飾」「主」　　「修飾」　　「修飾」「客」「說明」
　　누른 쇠쐬리는 아릿다히 봄 바람을 희롱한다

乙、「修飾」「主」　　「修飾」　　「修飾」「補足」「說明」
　　누른 쇠쐬리는 아릿다히 프른 버들에서 운다

右갓히各本原이一定한位置가有하나時或其位置가顚倒되는
境遇가有하나니此는文典上倒置文이라稱하는者이라此를例示
하는

ᄒᆞ건대

읽는다아해들이글을。

此에(읽는다)는 說明語이오(아해들)은 主語이며(글)은 客語

이니(읽는다)는 卽아해의 作用을 說明ᄒᆞᆫ語이라 今에 此가

一篇의 文을 成ᄒᆞ얏시나 前示ᄒᆞᆫ 本原排列의 正則을 守치

아니ᄒᆞ고 其位置를 顚倒ᄒᆞᆫ者이니 若此를 正則에 依ᄒᆞ야

綴ᄒᆞᆯ진대 반다시曰ᄒᆞ대

아해들이글을읽는다。

云ᄒᆞ지니라 此倒置文을 成ᄒᆞᆷ에도 亦其則이 有ᄒᆞ나 一端

이아니니 卽前例갓히 說明語가 上에 在ᄒᆞ고 主語가 下에

在ᄒᆞ며 又客語가 其下에 位ᄒᆞᆫ者도 잇시며 或此와 異ᄒᆞᆫ 方

法으로 成ᄒᆞᄂᆞᆫ者도 이시니 假令

아해들이읽는다,글을。

此는 說明語와客語가顯倒된者이오

글을읽는다아해들이。

此는主語와客語가顯倒된者이라顯倒의諸法을一一히

例示키遑치못홈으로關略ᄒ노니補足語에關ᄒ야도此

를推ᄒ면可히知得ᄒᆯ듯

第四節　本原의省略

文章의本原은前後의關係와又從來의慣例에因ᄒ야本原의一

部를省略ᄒ는境遇가有ᄒ나라其例를示ᄒ건대

그사람을보앗나냐

右는主語省略의例이니此를正則으로言ᄒᆯ진대반다시

曰호대

(네가)그사람을보앗나냐

云흠이可ᄒ거늘其對稱되는(네가)는省略ᄒ미라

내가보앗소

此는客語省略의例이니正則으로는반다시曰호대

내가(그사람을)보앗소

云흠이可ᄒ미라

학교장이졸업증서를준다

此는補足語省略의例이니正則으로는반다시曰호대

학교장이졸업증서를(졸업생에게)준다

云흠이可ᄒ미라

第三章 文章의 部分

本原의省略은오작主語、客語、補足語에限ᄒ나니라

文章의部分이라ᄒᆞ는者ᄂᆞᆫ文章의成立上各本原의連綴ᄒᆞᆫ段落
을謂ᄒᆞᆷ이라此에句○及節의二種이有ᄒᆞ니라

第一節 句

文章의句라ᄒᆞ는者ᄂᆞᆫ二個以上의本原이連綴集合ᄒᆞ야復雜ᄒᆞᆫ
一個思想를表出ᄒᆞ나完全ᄒᆞᆫ節을成치못ᄒᆞ는者를謂ᄒᆞᆷ이니卽
主語와說明語의一을缺ᄒᆞᆫ者이니라

句ᄂᆞᆫ文章의中에在ᄒᆞ야單語와全然相類ᄒᆞᆫ資格이有ᄒᆞ나唯其
包含ᄒᆞᆫ語의多少에因ᄒᆞ야思想의複雜ᄒᆞᆫ程度上大差가有ᄒᆞ니
라

句ᄂᆞᆫ一文章中에在ᄒᆞ야其資格이名詞와同ᄒᆞᆫ者도有ᄒᆞ고形容
詞와同ᄒᆞᆫ者도有ᄒᆞ며添附詞와同ᄒᆞᆫ者도有ᄒᆞ니라

(甲).　名詞句

句가 文章中에 在ᄒ야 名詞의 資格을 有ᄒ者를 名詞句라 云ᄒ나

니 種種詞下에 名詞를 含홈으로써 立ᄒ는 者이라 例를 示ᄒ건대

나라의 근본은 백셩이라

밝은 달밤에 기럭이의 소래

(乙) 形容詞句

句가 文章中에 在ᄒ야 形容詞의 資格을 有ᄒ者를 形容詞句라 云

ᄒ나니 種種詞下에 原形容詞、動詞의 各節 分詞 及 接續詞의(의)를

含홈으로써 立ᄒ는 者이라 例를 示ᄒ건대

달밝은 밤

　原形容詞로 立ᄒ 者

멀히 가는 사람

　分詞로 立ᄒ 者

어진사람의 행실

接續詞(의)로 立호 者

(丙) 添附詞句

句가 文章中에 在호야 添附詞의 資格을 有호 者를 添附詞句라 云
호나니 種種詞下에 原添附詞 及 接續詞 의(에)(로) 等語의 添附로써
立호는 者이라 例를 示호건대

　거울처름 물이 맑다

　달밝은 밤에 기럭이가 울고 간다

　래일어느때로 올고 잇가

第二節　節

節이라 호는 者는 文章갓히 其本原을 具호야시나 複雜호 文章의
部分을 成호는 者를 謂호미니라

節은文章의中에其資格과位置에因ᄒᆞ야四種이有ᄒᆞ니卽名詞○

節、形容詞節、添附詞節及獨立節이니라

(甲) 名詞節

名詞節이라ᄒᆞᄂᆞᆫ者ᄂᆞᆫ文章의中에在ᄒᆞ야其資格이名詞와同ᄒᆞ

者를謂ᄒᆞ미니例를示ᄒᆞ건대

달의밝음은해의빗이라

붓의발홈은마암의발홈이라

(乙) 形容詞節

形容詞節이라ᄒᆞᄂᆞᆫ者ᄂᆞᆫ文章中에在ᄒᆞ야其資格이形容詞와同

ᄒᆞᆫ者를謂ᄒᆞ미라例를示ᄒᆞ건대

어졔밤바람의나무닙새를불어ᄹᅥ러ᄂᆞ리ᄂᆞᆫ소래에음이싸

이엇다

봄빗이나븨의춤추는그림자를짝호야니르럿다

(丙) 添附詞節

添附詞節이라호는者는文章의中에在호야其資格이添附詞와

同호者를謂호미라例를示호건대

겨을솔나무의프르득히우리도졀개를가다듬자

프른하날한장조희에나의배속글을쓴다

(丁) 獨立節

獨立節이라호는者는文章의中에在호야他節과對等의資格을

有호者를謂호미라例를示호건대

산은놉고물은곱다

힘은산을싸히고긔운은세상을덥흐도다

獨立節에對호야名詞節形容詞節添附詞節을附屬節이라稱호

나니라

第四章　文章의種類

文章은其成立上三種의體裁가有专니(一)單文。(二)複文。(三)重文。이

니라

第一節　單文

單文이라专는者는文章의組織上簡을含치아니专文章을謂专

미니一個或二個以上의主語客語、補足語、說明語及修飾語等으

로成立专나니라例를示专건대

一　「主」「說明」

해가 돗엇다

此는一個主語와說明語로成专者이라

二　「主」「客」「說明」

바람이구름을돗는다

此는各一個의主語、客語及說明語로成专者이라

三
「主」「補足」「說明」
서리가하날에가득ᄒ다

此는各一個의主語、補足語及說明語로成ᄒ者이라

四
「主」「客」「補足」「說明」
을지문덕이수양뎨를청천강에서새타리엇다

此는各一個의主語、客語、補足語及說明語로成ᄒ者이라

五
「主部」「客部」
「修飾」「主」「修飾」「客」「說明」
가을달이밝은빗을날니는도다

此는修飾語를含ᄒ各一個의主語及客語와一個의說明語로成ᄒ者이라

六
「主部」「補足部」
「修飾」「補足」「修飾」「主」「說明」
거을고개에외로은솔이째히어낫도다

此는修飾語를含ᄒ各一個의主語及補足語와一個의說明語로成ᄒ者이라

七

「主」「修飾」「客」「修飾」「說明」
제비와 참새가 기럭이와 곤이의 뜻을 엇지 알리오
「主部」「客部」「說明部」

此는 二個의 主語와 各一個의 修飾語를 含한 客語及說明語로 成한 者이라

八

「修飾」「主」「修飾」「客」「修飾」「補足」「修飾」「說明」
점은 사람이 흰 말을 큰 길에 급히 달닌다
「主部」「客部」「補足部」「說明部」

此는 一個의 主語、客語、補足語及說明語가 各一個의 修飾語를 合하야 成한 者이라

第二節 複文

複文이라 하는 者는 文章의 組織上附屬節을 含한 者를 謂하미라

例를 示하건대

一
名詞節　名詞節
시간의 감은 물의 흐름과 갓다

此文은名詞節을合혼者인故로複文이라

二

가을바람의나무닙새떠러느리는소래는사람의회포

를흔드는도다

此文은形容詞節을合혼者인故로複文이라

　　　形
　　　容
　　　詞
　　　節

三

마암을어름의맑음갓치조철케ㅎ어라

此文은添附詞節을合혼者인故로複文이라

　　　副
　　　詞
　　　節

第三節　重文

重文이라ㅎ는者는文章의組織上獨立節을合혼者를謂ㅎ미

니說明語의語尾變化로助動詞中止段의(고)(며)等語로써前節과後

節의連絡을成ㅎ는者이라或此를聯搆文又雙關文이라稱ㅎ나

니其例를示ㅎ건대

一 獨立節

　새가 울고 꽃이 퓌다

二
　　獨立節

　구름은 룡을 좃고 바람은 범을 좃도다

　　獨立節

　右二文은 獨立節로써 成호 重文이라

三
　　複　　　　文

　　添附詞節

　달이가득호즉이즈러지고해가가운데호즉기우나니라

　　添附詞節

四
　　複　　　　文

　　添附詞節

　물이깁흔고로고기가즐거움을엇고, 숩이셩호고로새

　가도라감을아는도다

　右二文은二個複文이連合ᄒ야成호重文이라

五 「主」 獨立節

더아해가 글을 닑고, 글씨를 쓴다

此文은 一個主語의 下에 二個獨立節로 成호 重文이라

右갓치 文章은 單文、複文 及 重文 及 三種에 過치 아니호매 區別호

기 極히 單純호나 其實은 以上 諸節의 述호바를 截然호者가 아

니오 甚히 複雜호야 單文은 重文 或 複文의 一部分을 成홈이 多호

고 又 複文 重文 도 또한 他文章中의 一部分을 成호나니라

總主
　單文 ── 文 ── 單文
　重文 ── 文 ── 複文
　複文 ── 文

차이나는 짜가 넓고 사람이 만흐되 우와 아래의 마암이

한갓 갓치 아니호고로 나라의 힘이 굿셰지 못호나라

第五章 文章의 呼應

文章의 呼應이라 하는 者는 文章의 成立上 其意義가 相通하도록 語句를 用함을 謂하미니라

文章의 呼應은 其意義의 聯結上 二種이 區別이 有하니 (一) 順。體呼。應。(二) 反體呼應이니라

(一) 順體呼應은 語句의 聯貫에 因하야 上下意義가 和同되는 者이니 (면)(즉)等語로 成하나니라 其例를 示하건대

비가 온즉 풀이 난다

네가 가면 나도 가마

此에 (가면)은 呼이오 (가마)는 應이며 (온즉)은 呼이오 (난다)는 應이니 卽 上語句 (네가 가면)이 下語句 (나도 가마)를 呼起하매 下語句가 此를 應從하야 其脈絡을 相通하는 故로 曰呼。應。

應이라(온죽)及(난다)도 亦同ᄒ미라 此等은 皆其呼應에 因

ᄒ야 上下의 文義가 互相和同혼 故로 曰 順體呼應이라

(二) 反體呼應은 語句의 聯貫에 因ᄒ야 上下意義가 反對되는 者를

謂ᄒ미니(나)(도)等語로 成ᄒ나니라 其例를 示ᄒ건대

네가 가나 나는 가지아니리라

비는와도 풀은 나지안는도다

此에(가나)及(와도)가 呼이오(가지아니리라)及(나지안는

다)가 應이니 卽上語句(가나)의(나)가 語句를 聯絡ᄒ면서 文

義를 提反ᄒ는 故로 此에 對ᄒ야(아니가리라)가 應ᄒ미니

이갓히 上下語句가 互相反對ᄒ는 故로 曰 反體呼應이라

第六章 文章의 解剖

文章의 解剖라ᄒ는 者는 一文章을 各本原으로 分解ᄒ야 其構造

를指示ᄒᆞᄂᆞᆫ者를謂ᄒᆞ미니라

文章本原의位置ᄂᆞᆫ順正ᄒᆞᆫ者와顚倒ᄒᆞᆫ者가有ᄒᆞᆫ지라故로各其
本原의作用을考ᄒᆞ야其判別을立ᄒᆞᆷ이可ᄒᆞ니其簡次ᄂᆞᆫ說明語
를指出ᄒᆞ고次에其主되ᄂᆞᆫ主語를定ᄒᆞᆫ後客語、補足語에及ᄒᆞ고
其本原이判明ᄒᆞ거든修飾語를考究ᄒᆞᆷ이可ᄒᆞ니復文、重文은單
文에比ᄒᆞ야唯其簡次가複雜ᄒᆞᆫ짜람이오其法則은差異가小無
ᄒᆞ니라今에文章의解剖ᄒᆞᄂᆞᆫ例를示ᄒᆞ건대

　　單文

　바람이분다
　　主說

　　　主部　　客部
　　　主修　客修　客說

　서늘ᄒᆞᆫ바람이심ᄒᆞᆫ더위를물니친다

　　　主部　客部　說
　　　主修　客修　客說

　　單文

主部　客部　補足部　說

主修　主　客修　客　補修　補　說

뎌소년이 흰말을 길가의 버들에 마이엇다

文

單

主　客　客　說

主修　客修　說明

나는 가을바람의 나무닙새 떠러드림을 슯허훈다

文

複

主　客　說　主　客　說

主　客　說　獨立節　主　獨立節

어진이는 산을 질겨호고 지혜로은이는 물을 질겨호나니라

文

重

主　客　說　部　文　說

客　說　客　說　客補　說　說修

몸을 셰우고、도룰 행호며、일홈을 후셰에 젼홈이 효도의

重

明部

說

맛참이니라

文

隆熙三年一月十五日　印刷

同　年二月十八日　發行

不許
複製

定價金五十錢

著作兼
發行者　俞　吉濬　漢城北部桂洞五統四戶

印刷所　同文館　漢城中部壽洞

元賣所　隆文館　漢城北部安峴

分賣所　各書舖